死刑すべからく廃すべし

114人の
死刑囚の
記録を残した
明治の教誨師・
田中一雄

田中伸尚

平凡社

プロローグ

二〇一八年が暮れゆく一二月下旬のある日の午後だった。わたしは明治の「大逆事件」の再審請求で主任弁護人をつとめた弁護士森長英三郎《もりながえいざぶろう》（一九〇六―八三）の大量の裁判資料、蔵書、書簡などを所蔵している法政大学ボアソナード記念現代法研究所（東京・市ヶ谷）の「森長文庫」で、思いがけず希少な記録『故田中一雄手記　死刑囚の記録』に出会った。長く探し求めていた手記の原本だった。[1]

当時わたしは、森長の評伝執筆で各地を歩くかたわら、週に三回ほど「森長文庫」に通っていた。森長は読書家で、稀覯《きこう》本もかなり蒐集していたことは遺族から耳にしていたが、田中一雄の手記は公刊書ではなかったので、森長が所蔵していたとは想像していなかった。

『死刑囚の記録』は黒の厚紙の表紙で、B5判の袋綴じ、上・下二冊の冊子で、「上」が一〇二丁、「下」が一一〇丁、合わせて二一二丁、約四三〇頁の長大な手記である。手に取るとち

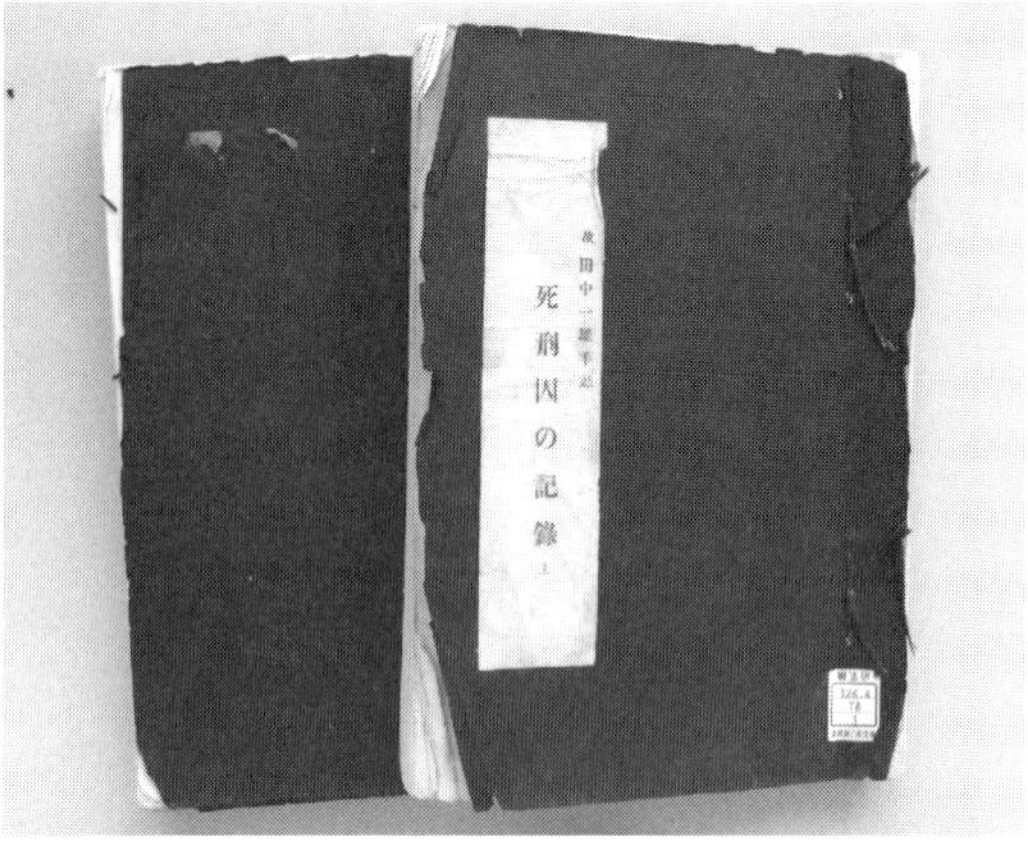

『故田中一雄手記　死刑囚の記録』（法政大学ボアソナード記念現代法研究所所蔵）

ょっとした重量感があった。本文は和紙に謄写印刷（ガリ版印刷）で、印刷部数もごくわずかであることはすぐに想像できた。わたしはやや心をときめかせながら「上」の表紙をめくると、見返しのところに手札ほどの大きさの印刷会社のメモ用紙が貼られてあるのが目に留まった。そこには黒のボールペンで森長の特徴あるやわらかな文字で五行に分けてこう記されてあった。

「田中一雄　M23〜T1・12・9　鍛冶橋監獄時代より東京監獄へかけての教誨師《きょうかいし》　途中真宗に入る」

一八九〇（明治二三）年から一九一二（大正元）年一二月九日まで鍛冶《かじ》橋監獄と東京監獄[2]で教誨師をつとめた田中一雄のごく簡単な略歴であった。メモの末尾には「途中真宗に入る」と、田中が浄土真宗の僧侶だったことも付け加えられていた。『死刑囚の記録』にはふつうの出版物にある奥付がなく、田中のプロフィールはどこにも書かれていなかったから、森長は別の資料を調べて田中の教誨師歴と宗教上の足跡を知ってメモしたのだろう。

森長はいつ、どこで田中の手記を入手したのだろうか。森長の蔵書類を寄贈した遺族に確認してみたがわからなかった。田中は「大逆事件」死刑囚の教誨もしており、一九六一年一月に「大逆事件」のただ一人の生存者の坂本清馬《せいま》と刑死した森近運平《もりちかうんぺい》の妹が起こした再審請求の主任弁護人となった森長は、その際に『死刑囚の記録』の存在を知って手に入れたのだろうか。日本が中国侵略を全面的に展開した日中戦争の前年の一九三六（昭和一一）年に弁護士になった森長は、その当時から死刑制度に関心を抱いていたようで、貴重な手記に惹かれ、田中に興味を抱いたのか。そのいずれかわからないが、弁護士列伝など法曹史関係の著作の多かった森長は田中一雄に注目して、あるいは書こうとしていたのかもしれない。森長の書き残したわずか数行のメモと上・下合わせて四三〇頁近い浩瀚《こうかん》な手記記録をくりながら、わたしは現代法研究所の高い天井、広い閲覧室で森長の胸中に思いをめぐらせた。

田中一雄は二つの監獄で約二〇〇人もの死刑囚の教誨にたずさわった。『死刑囚の記録』には、このうち旧刑法（一八八二年施行）と新刑法（一九〇八年施行の現刑法）の二つの時代にまたがる一九〇〇年から退職するまでの一二年間に担当した一〇〇人を超える死刑囚一人ひとりの生と死が、濃淡はあるもののさまざまな角度から記されてある。

死刑囚個人の姓名、身分（平民など当時の族称）のほか、生年や出生地、親の職業や暮らし、育った環境、教育の程度、仕事、性格、宗教意識や信仰心、身体の強弱、飲酒や賭博の習慣の有無、犯罪の内容と動機、自己の犯罪をどう感じているか、獄中での言動、教誨への対応、死刑執行前の心理状態、遺言、さらに田中の教誨感想や死刑の是非などが書きこまれている。現在でもほとんど知られない、死を突きつけられた死刑囚の様子などを書き記した教誨師の手記はそれ自体が貴重で、それが一〇〇人以上にも上るのだから、行刑史上でも他に類がない。だがそれだけではない。

個々の死刑囚や死刑執行についての心情を語る以上、国家のメタファーとしての死刑制度に触れることは避けられない。田中が教誨師をしていた当時、監獄教誨をほぼ独占していた浄土真宗の死刑囚教誨は教育勅語にもとづく国民道徳を説き、極悪人の心を落ち着かせて死を受け容れさせる「安心就死」[3]であった。田中一雄はだが、「安心就死」に距離を取った。異端だった。極悪人と断罪され、肉親などからも見放され、寄る辺なき身となった一人ひとりの死刑囚の生い立ちや家族環境や教育程度などに目を凝らし、なぜ非道な犯罪に至ったのかに迫り、ときに共感的な眼差しを向け、死刑はやむを得ないのかと心を働かせる。そこから一歩踏みこんで、時間をかけ、丁寧に教誨すれば極悪人も「新しい生」を生きられる可能性があるはずだ——。手記には田中のそんな熱い想いが脈打っている。

死刑制度はだが、当然にも田中の思いの前に立ちはだかる。「新しい生」の可能性を奪う、のっぴきならない絶対的な制度に田中は悲憤し、苛立つ。仏教者として仏の大きな慈悲を説きながら絞首台に送らねばならない矛盾にも煩悶する。手記は、微動もしない死刑制度に苦悶し、格闘した一人の教誨師の時代を超えた記録である。

田中一雄はこれほど厖大な死刑囚についての手記を、なぜ、どんな思いで書き綴ったのか。制度の前では展望なき「新しい生」の道があるとなぜ思ったのだろう。手記は死刑囚一人ひとりの生と死に教誨師として伴走し、寄り添った記録だが、個別の死刑囚について書かれており、同時代にそれが公になれば被害者の遺族や周辺の感情を強く刺激する可能性があった。死刑囚を安らかに死に就かせることを目ざす国家との緊張関係を招く恐れ、危うさもあった。それでも田中は手記を綴り、遺した。手記はいつ、どのようにして現在に伝えられたのか。

田中一雄は出自や生い立ちがつまびらかではない。写真は未発見で、顔貌や姿形も知れない。[4] わたしは、稀有の手記と謎に包まれた教誨師田中一雄を探《あなぐ》るように追った。

目次

◇おことわり

＊引用史・資料は読みやすさを考慮して、適宜漢字や片仮名を平仮名に改め、現代仮名遣いに直し、句読点などを補い、改行をほどこした。また難読文字にはルビを付し、明らかな誤字はママとせず、訂正した。引用史・資料中の丸カッコは筆者の注。

＊引用史・資料の注では、出版年は西暦にし、号数、頁数などは算用数字で表記した。

＊地名については可能な限り現在地名をカッコ内に表記した。

＊本文の年号表記は原則として西暦、元号はカッコ内に示した。

＊肩書きは、原則として当時のままとした。

＊田中一雄の手記中、初の外国人死刑囚と「稲妻強盗」、さらに「大逆事件」の被害者以外は氏名を省いた。

＊故人については敬称を略させていただいた。

◇なお、本書では法政大学ボアソナード記念現代法研究所「森長文庫」所蔵の『故田中一雄手記　死刑囚の記録』と矯正図書館所蔵の同記録の複写本を使用し、田中の手記の復刊版が所収されている『近代犯罪資料叢書　第七巻』（前坂俊之監修　大空社　一九九八）を適宜、参照した。

第一章

死刑囚に寄り添って

もう一つの手記

田中一雄の手記は、一九一三（大正二）年に創設された日本犯罪学会（当初は犯罪学協会）が謄写印刷し、『故田中一雄手記　死刑囚の記録』のタイトルを付けて希望の会員に配られた。

「出獄人保護を以て知られたる原胤昭《たねあき》氏が、田中氏存世中本記録の保管を、更に本会に寄贈せられしを以て、本会は之を希望者に頒《わか》たんと欲して謄写するものなり」

『死刑囚の記録』の「緒言」は、手記の謄写印刷のいきさつをごく簡単にこう記している。

田中の手記を保管した原胤昭（一八五三―一九四二）はクリスチャンで、刑期を終えた出獄者の生活や就職のための出獄人保護事業に尽力し「更生保護事業の父」として広く知られていた。神戸の兵庫仮留監《かりどめかん》（北海道集治監《しゅうじかん》＝囚人拘禁施設へ移送する囚人を一時収監する監獄）で日本では最初のキリスト教の常勤教誨師となった原は、その後赴任した北海道の釧路集治監や樺戸《かばと》集治監（月形町《つきがた》）では囚人の人権保護のため監獄改良に尽くした。[5]

原は田中の手記を現在に伝えた紛れもないキーパースンだが、田中とどういう間がらだったのか。原が日本犯罪学会に田中の手記を寄贈した時期や謄写印刷の経緯などは、『死刑囚の記録』には何も記されていない。

ところが最近、『死刑囚の記録』にまつわる謎のいくつかを解く資料が、国内で唯一の刑事政策・矯正に関する専門書、また監獄関係の雑誌や貴重資料などを所蔵している矯正図書館（東京・中野）に存在していることがわかった。『故田中一雄手記　刑死者の臨終心状　上』[6]である。表紙は『死刑囚の記録』と異なって茶色の厚紙だったが、やはり日本犯罪学会による謄写印刷、体裁もＢ５判の和綴じの冊子、本文は九〇丁で一八〇頁。掲載されている一人ひとりの死刑囚は『死刑囚の記録』と同じだった。「まえがき」に当たるところで謄写印刷のいきさつや時期が『死刑囚の記録』より詳細に記されていた。

『故田中一雄手記　刑死者の臨終心状』（上）表紙（矯正図書館所蔵）

「本記録は明治三十三年一月十二日より同四十四年六月十九日に至るまで東京市ヶ谷監獄（のち東京監獄と改称）に於て絞首台上に上りし死刑囚百二十余名の犯状環境及就刑前後の言語動作等に□して親しく彼等を教誨慰問したる教誨師故田中一雄師が記録されたるものにして、同師逝去前に之が保管を原胤昭氏に託され、大正十三年十

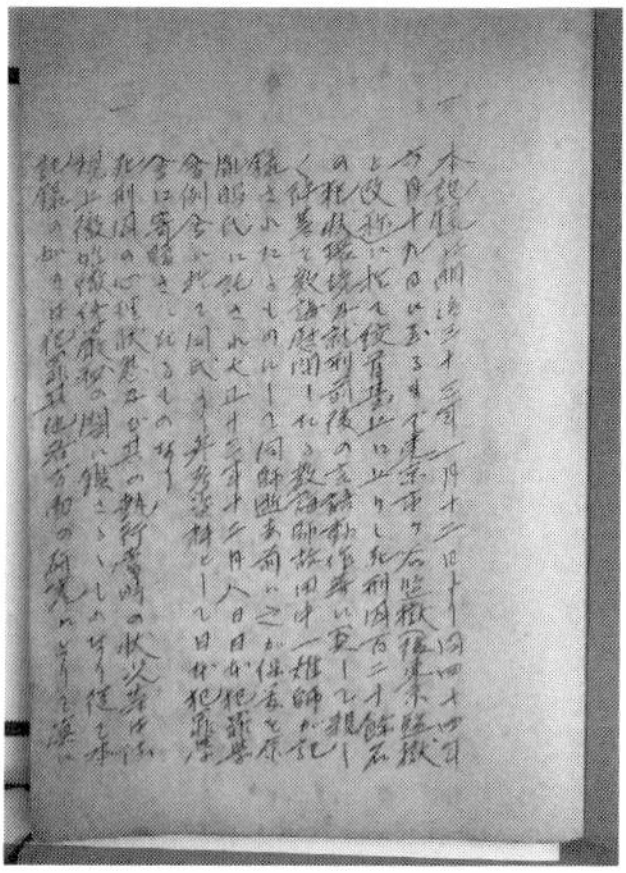

『故田中一雄手記　刑死者の臨終心状』（上）より、記録の成立経緯（矯正図書館所蔵）

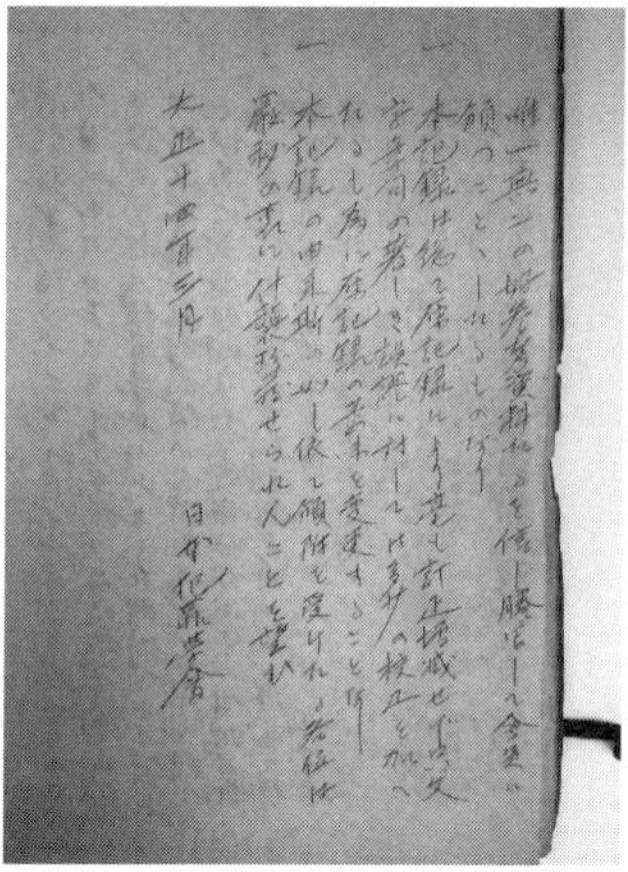

『故田中一雄手記　刑死者の臨終心状』（上）より、印刷時期の記述（矯正図書館所蔵）

二月八日、日本犯罪学会例会に於て同氏より参考資料として日本犯罪学会に寄贈されたるものなり」（□は判読不能）

原が田中から保管を託された手記の存在を明らかにしたのは、田中の死後の一九二四（大正一三）年一二月八日の日本犯罪学会の例会で、その日にそれを同学会に寄贈したのだった。「まえがき」の末尾には謄写印刷の期日も明記されていた。「大正一四年三月」、つまり一九二五年三月に『臨終心状』は謄写印刷されていた。したがって『死刑囚の記録』は同じころの印刷と見ていいだろう。

日本犯罪学会による「まえがき」は、死刑囚の心理や執行時の状況などは「法規上徹始徹終厳秘の闇」に包まれており、田中の手記はその意味でも「唯一無二」の資料と高く評価していた。

『臨終心状』は「上」しか発見されていないが、掲載されている死刑囚は一人を除いて『死刑囚の記録』と同じであった。つまり田中が原に保管を託した手記をもとにして二つの「記録」がつくられたことになる。『死刑囚の記録』の「上」には、ダブった記載を除くと三二人、「下」には「大逆事件」の死刑囚を含めて八一人、合わせて一一三人である。『臨終心状　上』に書かれている死刑囚は三三人で、うち一人は『死刑囚の記録』の上・下にもないので、二つの記録を合わせると田中が手記に記録した死刑囚は一一四人と思われる。[7]

『臨終心状』の存在によって手記の印刷時期などはわかったが、生前に田中がそれを原に託した時期、動機、経緯、二人の関係はやはり不明で、新たな謎も生じた。田中の亡くなった時期は、『臨終心状』の「まえがき」によって一九二四年一二月八日より前だとはわかるが、それはいつなのか。二つの「記録」は、構成や筆耕者の記述のスタイルはやや異なるが、個々の死刑囚に関する記述内容に大きな違いはない。ならば日本犯罪学会は同じ内容の手記記録をなぜ二つも謄写印刷したのだろうか。どちらを先に謄写したのか。矯正図書館が『臨終心状』の「上」を古書店から入手したのは一九八三年で、「下」は未入手という。はたして「下」は存在しているのだろうか。[8]

開国以来初の外国人死刑

世紀の変わり目の年、一九〇〇（明治三三）年の新年を東京・警視庁鍛冶橋監獄で迎えた死刑確定囚と死刑宣告を受けた囚人は一三人いた。全員が殺人犯で、各紙は越年した死刑囚らの名を報じている。このなかで最も世間の耳目を集めた囚人が二人いた。うち一人はアメリカ・ニューヨーク州出身の船乗りロバート・ミラー（ミルラーとも）で、開国以来初の外国人死刑囚であった。

田中が手記の冒頭で記しているのはミラーである。

ミラーは一八九九年七月一七日、横浜の「元」居留地の酒場で関係のあった経営者の女性の心変わりに憤って、その女性を含めて三人を惨殺した。事件としては複雑ではなかったが、横浜地裁の裁判には多数の外国人も傍聴に詰めかけ、法廷は溢れかえった。幕末から近代国家へと向かった明治時代を通じて最も大きな政治外交上の宿願であった、条約改正の実施日が絡んでいたからである。

ミラーが凶行に及んだ七月一七日は、幕府が一八五八年にアメリカ・オランダ・ロシア・イギリス・フランスと個別に結んだ、修好通商条約の不平等性が長年月の交渉でやっと解消され、ようやく新条約が発効した日だった。これによって治外法権が廃止され、居留地もなくなった。ミラーの凶行が前日であれば、日本の法は及ばなかった。

「条約実施初日にアメリカ人が三人殺し」(『時事新報』)と報じられ、裁判で新条約がどう反映されるのかと注目を集めたが、『東京朝日』はミラーが高位の身分でなかった点に着目した。事件直後の七月二六日付で書いている。「犯罪者が余り身分の高からざるミルラーなれば敢えて其の取扱方に非常の特典を用いざるも大抵の事にて苦痛も出ずに済むならん。今度例を残し置けば此の次に身分ある外人が犯罪したる節敢えて例外の特別取扱いをなさで済むべし」。横浜地裁は一八九九年八月一九日にミラーに死刑判決を言い渡した。

田中はしかし、ミラーの教誨は担当しなかった。築地にいたアメリカ人宣教師のエバンが毎日監獄を訪れてミラーを教誨し、田中は立ち会っただけだった。ミラーが市谷監獄の絞首台で処刑されたのは一九〇〇年一月一六日午前九時半過ぎで、この年初めての死刑執行だった。[9]

「外人にして我法権の下に死刑執行を受けたるもの、ミルラーを以て嚆矢とす」と『国民新聞』は報じた。死刑執行に立ち会ったのは、一〇年後に「大逆事件」の際に司法省民刑局長兼大審院次席検事として陣頭指揮を執ることになる平沼騏《き》一郎《いちろう》(後年首相)である。

田中の手記には、ミラーの遺言が記されてある。「司獄官殊に典獄には懇切なる待遇受けしことを謝す」。鍛冶橋監獄の典獄（監獄署長）は、一八九八（明治三一）年一月に熊本監獄署長から転勤してきた、福島県会津出身で戊辰戦争の体験者の藤澤正啓《まさひろ》（一八五〇―一九三四）であった。田中の手記にはしばしば藤澤の名が記される。

ミラーは絞首刑だったが、近代になるまで死刑の執行方法は、火焙《ひあぶり》、鋸挽《のこぎりびき》、梟首《きょうしゅ》（さらし首）など残酷の極みだった。一八八二（明治一五）年一月施行の旧刑法第一二条で絞首刑に一本化されるまでは斬刑（斬首）もしばらく併存していた。現代からは想像もできないが、首斬り役人の最後の山田浅右衛門八世の語り[10]によると、一七年間斬りつづけてその数は「ざっと勘定して三百人余り」だったという。「一度に九人斬をやってのけた」「年を越すより年内に片付ける、という風があって大晦日なぞには総勢二、三十人ぐらいは斬ることがありました」などという話には目が暗む。絞首であろうと死刑が残酷であることには何ら変わりはないが、それでも「首斬浅右衛門」八世の回顧談には息を呑む。

絞首刑一本になって以後、死刑の執行は監獄内での「密行主義」になり、社会の視界からは死刑が遠のいた。ただ立会い検事の許可があれば新聞記者などの「参観」は許されたために、一八九六年九月一五日付の『読売新聞』には北海道・根室監獄支署構内で執行された強盗殺人の死刑囚の執行状況がくわしく報じられたこともあった。その後、密行主義は徹底されて「参観」も禁止されたという。[11]

密行主義によって死刑執行の状況だけでなく、よほど社会を震撼させ、あるいは賑わせた事件の死刑囚以外は、被害者遺族など関係者を除くと時間の経過につれて忘れられ、人びとの記憶の底に沈んでいき、死刑が見えにくくなった。密行主義がもたらした影響はそれだけではない。

二〇世紀に入ってから犯罪は時代や社会を投影すると指摘されるようになったが、それまでは犯罪者の生育環境、家庭環境、あるいは社会的・経済的な背景、また犯罪者が抱える心の闇の領域についてもほとんど語られず、関心も持たれなかった。死刑が執行されたら、それで終わりだった。近世以前からあった、人を殺した人間はその報いとして死刑になり、死をもって償うのが当然という感情、意識は近代以降も地つづきのように変わらなかった。さらに密行主義によって国家の名で合法的に生身の人を殺すという、死刑制度の持つ本質について深刻に考えないで済む社会意識ができ上がっていった。ただ死刑制度への批判や廃止を求める意見は明治初年からあり、田中一雄が教誨師時代の一九〇七（明治四〇）年の刑法改正の際には、現場から死刑廃止を求める声が噴出している。

「稲妻強盗」の死刑を憤る

鍛治橋監獄で年を越した一三人のうちミラーとは別の意味で注目を集めたのが一九〇〇年二月一七日朝、市谷監獄の刑場で絞首刑に処せられた「稲妻強盗」こと、坂本慶次郎（啓治郎、また慶二郎とも）である。

坂本は幼少時に母を亡くし、父は健在だったが行方知れず、一〇代の後半から悪の道に入り、仕事は持たず、博徒らと交わり、常に酒を五合以上飲む酒豪で、家にも寄りつかなかった。学校に通ったことはなかったが、少年時代に天台宗の寺で養育され、その際にいくらか教養を身につけ、俳句をひねり、和歌を好んで詠んだ。

一八九五（明治二八）年に強盗傷人事件で収監されていた北海道・樺戸集治監で外役中に脱獄し、その後関東一円で殺人、強盗など非道な犯罪をくり返し、逮捕された九九年二月までに関東四県で強盗殺人、窃盗、強姦などを三〇件以上重ねたというが、正確にはわからない。稀代の悪党として恐れられた。変幻自在、出没自在、逃げ足の速さから「稲妻強盗」と呼ばれ、坂本の出身地の北関東のある県では捕縛を願って七〇〇〇人規模の「安心会」が結成され、死刑に処せられると安堵の祝宴まで開かれたと当時の新聞メディアは伝えている。

『死刑囚の記録』には、坂本についての記載は一二頁にも及び一一四人の死刑囚のうちで最も多い。死刑が確定した事件の中心は、一八九八年五月八日の午前中、茨城県内のある農家に刀を携え侵入し、使用人父子を襲って傷を負わせ、さらに同家の主人夫妻から金を強奪し、妻を斬り殺し、土蔵から金品を奪って逃走した、強盗殺人・傷人であった。坂本は水戸地裁では裁判の進行を妨げるほど悪態をつき大暴れしたが、結局死刑判決を受け、東京控訴院でも死刑、さらに上告したが一九〇〇年二月九日に上告が棄却されて死刑が確定した。

鍛冶橋監獄に収監中の坂本は、田中一雄に自己の犯行を自慢げに語り、呆れさせた。「性質剛情強暴、情欲を満足せんことのみ」を思い、虚栄心が強く、それを満たすためにいかなる犯罪でも平気でなし、その残忍さには「実に驚くの外なし」と田中は腰を抜かさんばかりである。幾人もの人を殺《あや》め、傷つけたのに、坂本は「悪の仲間」うちでは大罪人と呼ばれることこそが尊称なのだと胸を張り、強さと美男ぶりと勇気を誇り、「情婦」に惚れられることを大きな快楽とした。犯罪の「成功」は仲間への誇示だった。

坂本はまた、裁判所や警察署でも罵詈讒謗《ばりざんぼう》の限りを尽くした上、かずかずの犯罪を得意げに詠んだ歌まで披露するのであった。救い難い悪党だったが、田中は坂本を全否定せず、寄り添うように伴走した。田中が初めて坂本を教誨したのは、死刑確定前の一八九九年一一月である。

田中は、坂本の歌好きを見越して平安初期の歌人の歌一首を引いて教誨した。

つひにゆく道とはかねて聞きしかど　きのふ今日とは思はざりしを

『伊勢物語』の主人公とされた在原業平の歌である。人は思わぬときに、突然に人生の結末に遭遇するもので、情欲にのみ執着して生きても、思いどおりにはいかないのだと田中は古歌に託して語りかけたのだった。それが歌を好んだ坂本の心に沁みていったようで、坂本は教誨のたびに（当時の教誨は原則として週一回であった）自作の歌を田中に見せるようになった。どれも拙劣で、田中は「歌は自己の心境、心情を表現するもの」と教え、典獄の藤澤の伝言だと言って「あまり拙い歌を裁判所などで詠むのは慎んだほうがいい」という注意を伝えた。すると坂本は意外にも素直に「なるほどそうですね」と大いに納得し、満足さえするのだった。

田中が歌を使った教誨を何度か重ねるうちに、傲慢不遜、肩怒らしていた坂本の心は次第にほぐされ、凍っていたものが温かなものに触れて少しずつ溶けていくようにやわらかくなっていった。死刑確定の前には獄内でも坂本の謹慎ぶりが際立ち、自己に向き合って犯した罪をしきりに悔やむほどに変貌した。

「典獄の説諭や教誨師の教訓は服膺《ふくよう》実行せざることなし。故に担当の看守も戒護上、手のかからざる慶次郎の如きものはなしと言うに至る」

これが、あまたの凶悪犯罪をなし起こして「稲妻強盗」と恐れられた極悪人かと思わせるほどであったと田中は喜色を隠さないが、坂本が他人の生命を奪った行為にどこまで深刻に反省し、悔悟したかはわからない。まして被害者に謝罪をするところまでたどり着くにはまだまだだったろう。それにはそれなりの時が必要だ。教誨師の田中はそのことを十分に知っていた。坂本の死刑はしかし、判決確定からわずか八日後の一九〇〇年二月一七日朝に執行された。三四歳であった。

坂本は辞世を二首置いて絞首台に消えた。一首でこう詠んでいる。

悔ゆるとも罪の報ひは免れねば　悪しきな為しそ後の世の人

いくら悔いても国家の死刑という「報い」からは免れようはなかった。坂本には死刑批判はない。田中はしかし手記の末尾に設けた「備考」欄で悔しさを強くにじませる。

「本人をして今後監督の下に五年を経過せば、或いは剛情は化して名誉心に変じ、再び犯罪なきに至るも知るべからず。法規は之に余年を与えず。試験中に執行せらるるの不幸を視《み》るは甚だ遺憾に堪えざるなり」

長く監獄に留め、教誨に十分な時間をかければ坂本も自らの罪と正面から向き合い、心から反省し、悔い、生き直しや新たな生（当時はまだ「更生」ということばは普及していなかった）の道を歩む可能性はあるはずだ、その途中で死刑を執行するとは、と田中一雄は憤るのだった。明らかに死刑制度への怒りで、そこには制度が死刑囚の「新しい生」を歩む機会を永久に奪うことへの批判が含まれていた。

手記の「備考」のところで書かれてある感想のなかに田中が極悪人の生にわずかな時日であっても、伴走した様が垣間見えるが、死刑は絶対であり、死刑囚が生き直せる可能性はあり得なかった。だから田中の丁寧な教誨によって坂本が新たな生を生きる可能性を見出す地点にまで到達したとしても、死刑は回避できなかった。その「事実」を知っているからこそ田中は悩んだのである。田中は苦悩しただけではなかった。

託された後事

東京メトロの四谷三丁目駅から新宿通りを西へ五〇〇メートルほど行った禅宗の笹寺（長善寺）に坂本の墓がひっそりと建っている。

寺の墓所の西端、ブロック塀に接して高さ二メートルほどの墓石は、仙台名物の笹かまぼこの左上を斜めに切り取ったような形である。刻まれてある墓碑の文字ははっきり読み取れた。

啓覺自悔禅門　明治卅三年二月十七日
稲妻小僧之墓
俗名　坂本啓治郎　　當山

墓碑には「稲妻小僧」と刻まれているが、捕縛後に『中央新聞』に載った似顔絵はかずかずの犯罪のせいか深い皺《しわ》がいくつも刻まれたかんばせで、「小僧」にはしっくりこない気もするが、さりとて「強盗」とは刻めなかったろう。凶悪犯であろうとも命を慈しむ建立者の深い情がにじんでいるように思えた。「稲妻強盗」と恐れられた坂本の墓がなぜ笹寺にあるのか。

わたしを坂本の墓へ水先案内してくれたのは森長英三郎である。ロシア皇太子ニコライが襲われた「大津事件」（一八九一年）をはじめ、戦時下最大の言論・思想弾圧事件である「横浜事件」（一九四二―四五年）など一二一の大きな事件を司法サイドから追った森長の『史談裁判』（全四巻）の第三巻で「稲妻強盗」が取り上げられている。それを読むと、当時名僧として知られた笹寺の二三世住職の武村秀學が警視庁鍛冶橋監獄から招かれて監獄での説教をしていた折りに、「親しかった」教誨師の田中一雄から坂本の処刑後の遺体埋葬などの後事を託されたとある。田中は坂本の死刑を惜しんだだけではなかったのである。田中の知られざる貴重なエピソードだった。

坂本は処刑前に「陳情書」を出していた。

「自分儀今回裁判確定に付ては田中教誨師より懇切なる教誨を拝聴し、心ひそかに満足仕候、依ては東京四谷区長善寺住職武村秀學殿より兼て仁慈なる御恩恵を受け居候に付ては、自分死刑執行後は死体を御引取下され、該寺に埋葬の上罪消滅の為め回向相営み下され候思召の由に付、自分も深く感喜仕居候、何卒《なにとぞ》特別の御詮議を以て該寺及自分の存意御採聴下され、前記の通り御許容奉願候也」

坂本は田中の懇切な教誨に非常に感謝し、笹寺の武村秀學の温かい慈しみを受け、執行後に遺体を引き取っていただき、回向まで営んで下さるとの申し出を聞き、とても嬉しく感激している、ついてはぜひ秀學師の意向と自らの思いを許可していただきたいというのであった。坂本は「陳情書」をだれに出したのか。

「稲妻強盗」については当時の新聞は競って報道し、とりわけ裁判開始後は坂本が水戸地裁で大暴れをして抵抗したことなどで、各紙は死刑執行まで連日にわたって詳細な報道をくり広げた。なかで坂本の「陳情書」の存在を報じたのは、事件を最も熱心に追っていた『報知新聞』である。坂本が絞首刑になった翌日の一九〇〇年二月一八日付の同紙は、長い記事の末尾で坂本の「陳情書」の全文を掲載している。記事には、「陳情書」は処刑前日の二月一六日に警視庁鍛冶橋監獄の典獄藤澤正啓に提出したとある。坂本の遺体が笹寺に引き渡されたのは処刑直後の一七日の夕方五時と同紙は伝えている。

『報知新聞』は「陳情書」に触れたあと、追而書《おってがき》のようにこう結んでいた。

「尚、同寺住職は田中教誨師と懇意なるより慶二郎に勧め、又住職にも説きて埋葬することとなりたるなりと」[12]

主述はややわかりにくいが、田中は懇意だった秀學に坂本の後事を頼み、坂本にも秀學に任せるように勧めたと読んで間違いはないだろう。

二三世住職秀學は、田中のたっての頼みに応えて、一五七五年に創建された笹寺の歴史でも初めて刑死者の遺体引き取りから墓の建立までを引き受けた。それは決して簡単な決断ではなかったろう。檀徒からの疑問や批判もあったかもしれないから。秀學がそれをやり切ったのは、社会からはもちろん身内からも見放されたが、深く反省したという坂本への憐憫の情、また親しかった田中との信頼関係もあったからだろう。しかしそれだけだろうか。稀代の極悪人だった死刑囚の死後の世話までした田中一雄の教誨に禅僧秀學は心揺すぶられ、強く共感するところがあったのではないか。

墓の建立後、田中は何度か墓参のために笹寺を訪れて秀學師と茶を喫《きっ》しながら坂本について語らったかもしれない。わたしははるか遠い時代の逸話からそんなシーンを思い浮かべたが、長い歴史を刻んである笹寺では「稲妻小僧」の墓建立についてどう語り伝えられているだろうか。二〇二二年四月初め、わたしは笹寺を訪ね、武村秀夫現住職の話をうかがった。二六世になる秀夫住職は一九四七年生まれで、八年近く前まで法政大学生命科学部の教授だった。学生時代からラグビーの選手で、関東ラグビー界では知られた人でもある。

わたしが住職を継いだのは四七歳のときで、一九九〇年代の半ばごろになります。稲妻小僧の墓がうちにあることは知っていましたが、二三世は一九二六年に亡くなっていました（生年は一八五一年）から、建立のいきさつについては直接には聞いていません。ただ二四世の連れ合いから断片的に聞いたところでは、監獄の囚人のために説教に行っていた二三世の話を聞いて感動した坂本から、処刑後はどうせだれも遺骨を受け取る人がいないから、すべてのことを住職にお任せしたいと頼まれて引き受けたということでした。坂本は自分のしたことをとても反省し、ぜひお願いしたいと。森長さんがお書きになっているように二三世と親しかった教誨師の田中一雄さんから頼まれたというのが正確なのかもしれませんが、わたしはそのあたりは聞いていません。

田中一雄さんの手紙ですか？　あれば貴重でしょうが、ありませんね。

寺ではずっと小僧って言っていました。相当の悪人だったようですが。

死刑になった人のために墓をつくったというのはうちの寺では稲妻小僧だけです。たぶん処刑されて間もなく二三世が建てたのだと思います。戒名はもちろん二三世が付けたのでしょう。過去帳には坂本の名は啓治郎と記され、「火内《ひうち》　死刑」とあります。「火内」というのは火葬という意味で、遺骨も埋められているはずです。

寺は空襲でほとんど焼け、「稲妻小僧」の墓も下の台座のほかは全部焼けました。再建したのはわたしが住職になる前で一九七五、六年ごろだと思います。わたしが副住職のころに二四世の連れ合いが、稲妻小僧の墓、つくったほうがいいねぇ、って言うのを聞きました。

墓が欠けているのは、何でも勝負事、たとえば競馬とかをする人が稲妻小僧の墓石の欠片《かけら》を持っていれば勝てる、という縁起担ぎで削り取っていくからだと聞いています。最近では、歴史好きの方も見学に来られることがあるようです。

武村秀夫住職の話を聞き終えたあとわたしはたしかめるように、「稲妻小僧」の墓の前に立った。墓碑の左側には日本酒「鬼ころし」の一八〇ccの紙パックが供えられてあり、散り遅れた桜の小さな花びらがパックの先端につき、弱い春の光のなかでかすかに動いていた。右側には「津南の天然水」が置かれてあった。勝負事で縁起担ぎの墓参者が供えたのだろうか。あるいは時おり訪ねて来るという歴史好きの墓参者が供えたのかもしれない。

「稲妻強盗」が処刑された一九〇〇年当時、田中一雄は篤志教誨師の時代を含めてほぼ一五年の教誨師歴があった。明治国家で囚人への刑罰は「近代化」され、近世の身体刑から自由刑の懲役刑へと変わっていき、犯罪者の収容の場は牢屋ではなく、監獄になった。それに伴う監獄則の改正（一八八一年）で監獄教誨が制度化されてまだ二〇年で歴史は浅かったが、極悪人の死刑囚の後事まで世話をした田中のような教誨師はいただろうか。

笹寺の武村秀學に託して建立された墓は、死刑制度の前にはどうしようもなかった田中の無念さと憤怒と、そして「自責」をも含んだ表象であったようにわたしには思われる。

田中はしかしその後も、人の道に外れる罪を犯した悪人と可能な限り向き合い、語り合う姿勢を変えなかった。

※　森長英三郎は一九八三年に亡くなるまで笹寺の境内脇にあった住宅に住んでいた。だが森長が「稲妻強盗」について書いたのはその縁ではないだろう。

ブルブル震えた死刑囚

一八九七（明治三〇）年の夏に東京府・八王子で起きた強盗殺人事件で死刑判決を受けた二六歳の青年について、田中は生き直せる機会を奪う死刑制度に対する無念の思いを手記に書きつけている。

南多摩郡出身の青年は末っ子で農業兼養蚕業の両親に溺愛され、我がままいっぱいに育てられた。そのせいもあったのか小学校には入ったが、辛抱が足りずに中途退学し、自分の名前を書くのがやっとだった。身体は健康で幼いころに覚えた酒を常に五合程度口にし、兄夫婦と折り合いが悪かったこともあり、二〇歳のころから遊興にふけり、放蕩三昧の日々であった。府中付近の妓楼にしばしば登楼し、遊蕩費を得るために親戚の米一俵を盗んで売り飛ばして金を手にすることで、盗みによって遊ぶ味を覚えてしまった。九七年八月中旬、八王子の撚糸業宅に忍びこんだのも遊ぶカネ欲しさだった。しかし物音に気づいた主人に見つかり格闘となったが、持っていた短刀で主人の頭、首、腹などを滅多突きにして逃走した。主人は出血多量で間もなく死亡した。

田中がこの死刑囚を初めて教誨したのは、判決後の一八九九（明治三二）年一二月だった。人は何より我慢が大切、それに優る「徳」はないと説く田中の教誨に、青年はやや心を動かしたようだが、死刑執行は早く、第一回の教誨からたった三カ月後であった。たまゆらのような命を前に田中は執行までの時間のなさにため息をついた。

青年が遊興費欲しさで人を殺めた原因、背景について田中は、家庭の教育が不十分で、良心が育たず、悪事に対して鈍感だったからで、放縦の果ての事件だったと手記している。それでも田中から見た限り素直な青年だった。それだからなお「永く監獄に拘禁し、良心が発達するよう」な教誨をほどこせば、十分に改心するはずだと、時間の足らなさをしきり悔やむのだった。

死刑執行は一九〇〇（明治三三）年三月一七日の午前中だったが、藤澤典獄から午前五時に執行の旨を告げられると、青年は「ブルブルと震えたり」と田中は記している。『死刑囚の記録』に現れる死刑囚のほとんどは、執行を告げられると観念して、田中や藤澤に世話になったと感謝し、礼のことばを置いていく。それはそれで虚言ではないだろうが、この青年のように「ブルブル」震えたという記述は、死刑の残酷さをよりなまなましく伝えてあまりある。青年はその瞬間まで念仏を唱えつづけたという。

田中は手記の「備考」の部分で「彼が遺骨は余が菩提所に引取り、埋葬せんと欲するも」、事情があって果たせなかったと付記している。この一文からも殺人を犯した犯罪者を突き放さず、我が子のように接していた田中の心情がそくそくと伝わってくる。「稲妻強盗」の後事を田中が親身になって世話をしたことは決して特別ではなかったのだ。

一一四人の死刑囚には、当然だがそれぞれの生があった。犯した罪の態様は似ていても、そこに至る道はさまざまで、その歩みはすべて異なる。

一九〇二（明治三五）年の初めごろだった。博徒の親分格のような男が巡査を殺害した罪で死刑囚として入監してきた。北関東出身の一八六六（慶応二）年生まれの男で、小学校は卒業したが賭博好きで、その道に入ってしまった。酒は口にしなかったが、相当の無頼漢だった。家庭は貧しくはなくごくふつうだったが、農業に従事する父親と折り合いが悪く、家督は弟に譲り、三〇歳を過ぎたころに妻とともに家を出た。家の宗旨は禅宗だったが、信仰心は薄かったようだ。

事件は一九〇一（明治三四）年二月二七日夜に起きた。男が十数人の博徒仲間と竹藪のなかで賭博を開帳していたところを、ひそかに内偵中の群馬県警察の角袖《かくそで》（和服の巡査）に見つかり、現場に踏みこまれた。逮捕を免れるため逃げたが、川の縁まで追い詰められ、持っていた刃物を振るって巡査に斬りつけ、格闘になった。角袖は頭、顔、首など四八カ所に傷を負って殺害された。これが裁判で認定された「事実」だったが、男が田中に語ったいきさつは判決とはやや異なっていた。

賭博中の男が角袖を追い返そうとしたところ、やにわに短刀を抜いて「御用！」と襲いかかってきた。そこで揉み合いとなって角袖の短刀を奪って、殺してしまったという。いずれにしても、計画的ではない、偶発的な殺人（故殺）であった。

田中は教誨の具体的な内容を記していないが、この死刑囚とどう接したかをうかがわせる記述は断片的だがある。「言語挙動は温順なり。剣術の嗜《たしな》みある故に斯くの如き暴行を引き起こしたる」「在監中一つも詐欺あるを見ず。したがって獄則は常によく謹守せり」（詐欺とは看守や同囚を騙して利益を得ようとする行為で、獄中では横行していたという）。妻と四人の子どもとも関係が良く、手紙やはがきのやりとりも時どきあった。家督を譲った弟が一九〇二（明治三五）年の秋ごろに亡くなったとの報《しら》せを受けたときの男のショックは大きく「愁傷顔面に溢れ」、田中に「我身すでに死に瀕せるに、後事を委託せんとする愚弟にして死す、悲惨の極み」と哀訴するのであった。田中は「それは因縁業感《いんねんごうかん》の理《ことわり》」だ、と犯した罪の報いとして受けることになった苦行なのだと、慰め諭すのだった。

死刑執行は一九〇三（明治三六）年二月四日朝である。藤澤典獄が当日午前七時に呼び出し、執行を告げる（通常、執行の朝に呼び出して伝えることになっていた）と男はすっかり愁傷の体で在監中の懇篤な世話に感謝し、なまじっか撃剣ができたためにそれが身の過ちとなり、巡査を殺害することになってしまった、「謹んで執行を受けます」と頭を下げて、市ヶ谷の刑場へ向かう馬車に乗りこもうとした。その時、田中が少しの菓子を手に取らせた。「誠に辱《かたじ》けなし」と男は改めて礼を述べ、「私の郷里に巡回するような機会があれば、ぜひ家族らに教誨をお願いします」と、合掌して刑場へ向かった。

死刑執行後の遺骸は雑司《ぞうし》ヶ谷《や》の監獄墓地に仮埋葬されていたが、一週間ほどして実兄から郷里の菩提寺への改葬願いが届いた。田中は遺骨が妻子の許に還ることになり「妻子らの嘆きや思うべし」と記す。

田中の手記からは男が「報い」として死刑を従容《しょうよう》として受け容れたようでもあるが、田中は死刑が肯《がえ》んじられなかった。「（博徒の親分で）更に（まったく、さらさらの意）逃走の恐れある者にはあらず、年時を尽くして教誨せば、十分悔悟の念ある者」で、「斯《か》くの如き者について死刑の要は少しも認めざるなり」と、田中は手記にわざわざ強調点まで付して死刑を強い調子で批判している。長く教誨をすれば、反省し、悔悟し、生き直す機会があるはずだという田中の自信と信念が熱く語られている。

田中はさらに、獄則に従順で、逃走の心配がないということも死刑に処すべきでない大きな理由の一つに挙げている。獄則に素直であれば、それは「新しい生」を生きる道につながると田中は確信していた。だが、のっぴきならない死刑制度の前ではそれも無力な信念で挫折せざるを得ない。

博徒の親分のようなこの死刑囚について田中は、「備考」のところでさらに二つのことを刻むように書き記している。

一つは、判決で認定された事実への懐疑である。殺害された巡査の傷が四八ヵ所にも及んでいると判決謄本には記されていたが、はたして一人でこれほどの傷を負わすことができたのか「甚だ疑わし」く、「俠客にひとしき行為ある人なれば、或いは他人の罪をも自分一人にて引受けし者にあらずや」と疑念を差し挟む。

もう一つは、博徒が跳梁《ちょうりょう》する社会に目を向けて死刑を批判しているところである。上州（群馬県）は旧幕時代から博徒の跋扈《ばっこ》で知られていたが、「これすなわち社会制度の不完全に因るものなり。此の社会の欠点を度外に置きて、個人を死に致すは実に残念なることと言うべし」と結んでいる。

田中は近世から近代へと時代が大きく変動しても、それに見合う社会的・経済的な制度が整えられていないから、いまだに博徒が跳梁することになっていると指摘し、事件の社会的背景を無視して死刑に処したことを批判するのだった。


死刑囚の犯した殺人には、どんなケースでもさまざまな要因が絡んでいる。

埼玉県出身の二一歳の鋳物職人が一九〇一（明治三四）年の夏、奉公先で知り合った遊び友だちに誘われ、横浜の黄金町や伊勢佐木町で大酒を飲んだ。友人は大口を叩いて、「職人なんかしていてもうだつが上がらず、バカバカしいだろう。俺は静岡県で大金を強奪してきたから、今夜は遊び尽くそう。人生は太く、短く」と、盗みに誘った。鋳物職人も酒の勢いで気が大きくなって、友人の誘惑にふっと乗ってしまった。その夜は二人して黄金町に泊り、翌朝汽車で東京に出た。

二人は相談の末、午前一時ごろに本所区（現・墨田区南部）内の金貸し業者の大きな家の門を乗り越えて、屋内に入りこもうとしたが、堅い戸締りで表からは入れなかった。雨が降り出し二人は焦った。裏口に回ったがやはり厳重で入れず、無理矢理こじ開けようとしたところ、物音に気づいた家人が「火事だ」「泥棒だ」と大声で叫んだ。二人は、どうしようと進退窮まり、巡査に見つかったら大変だと諦めて逃げた。そのまま二人はかつて働いていたことのある、世話にもなった同じ本所区内の元主人宅に忍びこんだところ、すぐに見つかってしまった。殺意はなかったが、二人は持っていた短刀で主人を刺殺してしまった。罪質は強盗殺人となっているから、殺害したあとに金品を奪ったのだろう。事件としてはきわめて単純で、現在でもありそうな強盗殺人である。鋳物職人は死刑判決を受けた（悪友は未成年だったので、手記には記されていない）。

死刑になった鋳物職人の家庭は恵まれてはいなかった。五歳のときに父親が亡くなり、母はその一年後に幼い兄と妹を捨てて、男と東京へ行ってしまった。このため二人は祖母のもとで養育され、兄は一三歳で川口の鋳物工場に奉公し、職人となった。教育もなく、自分の姓名を書くのがやっとだった。死刑執行の朝、祖母宛の遺言を田中が代筆した。心配をかけたことを詫び、友人に誘われて悪事をなし、本日重い刑を執行されることになった、大変な不孝を許していただきたい、妹を自分と思って育ててほしい、妹には悪しき兄だったがどうか良き人になって祖母様に尽くしてほしい云々《うんぬん》と。

明治期後半になっても、この青年のように貧しさや家庭環境などから小学校教育も受けられず、自分の姓名も書けないような犯罪者は少なくなかった。このため田中は死刑執行の直前に死刑囚の遺言をしばしば代筆している。

田中は手記の「備考」欄で刑死したこの青年について「酒興の結果、殺人罪を犯すに至りし者にして、偶発罪に均《ひと》しきものなれば、更に生命を絶つの必要を認めざるなり」と記した。もちろん青年は、田中がこう書いたことを知る由もなかった。

くり返す死刑不必要

田中が手記に書き残した一〇〇人を超える死刑囚の犯罪の多くは、時代を投影した強盗殺人や色情による謀殺（計画的殺人）、また酒や賭博などによる故殺（旧刑法では謀殺と故殺は区別されていた）などである。

死刑囚の起こした殺人事件のうちでとくに多いのが、田中が「情欲殺人」と呼んだ事件である。

田中が一九〇〇（明治三三）年二月二日に絞首台に見送った千葉県出身の謀殺犯の死刑囚（犯行時四一歳）は、両親とともに農業に従事していたが、学校には通ったことがない。地元の日蓮宗の寺の信徒で、酒は五勺《しゃく》（約九〇cc）程度を嗜むぐらいだったが、賭博を好み、夫のある女性と親しくなり、情交をつづけるために女の夫を殺害してしまった。情欲殺人で初犯であった。

田中はこの男が犯行に至ったのは性格に起因していると見た。「小児らしき性急と、強烈なる情欲を有し、その情欲を満足せしめんためには、毫《ごう》も危険を顧みるの暇《いとま》なし。今回の犯行の如きも強烈なる情欲の結合に起因する」。

このような人物に田中はどんな教誨をしたのか。死刑執行の前月の教誨では、古歌に精通していた田中は、僧正遍昭《へんじょう》作の著名な和歌「たらちめはかかれとてしもむばたまの　わが黒髪を撫でずありけむ」を読み上げ、両親が愛情を注いで育てたのは世の中で悪事をするためや世の人から忌み嫌われるためではない、と教誨した。この死刑囚はこれに強く心を震わせたようで、「誠に申し訳なし」と深く頭を垂れたと田中は書き記している。これだけで男が、犯した罪を悔い改めたとは思えないが、刑の執行を告げられて監獄を出る直前の様子を「出監時の動作」のところで田中は書き留めている。

「死刑執行出監時、最も改悟せるものの如く、藤澤典獄及び（監獄）二課長へ懇切なる謝辞を述べた」

「備考」欄で田中は、「罪なき人を殺害し、余命を保つべき謂《いわ》れなし」と、この死刑囚のことばに接し、観念して刑場へ向かったと記しているが、そのあとにこんなことばを置いている。

「斯くの如きものもまた死刑を執行する必要を認めざるなり」

なぜだろう。

「すべて情欲より起因する犯罪（謀殺あるいは強盗殺人）は、時日を経過するに従い、改心の情頻《しき》りに起こるもの（が）多」いからだと。これは、長い教誨体験によって田中が得た結論の一つだった。

東京・東村山出身の二五歳の青年には、早くから将来を約束した女性がいた。その契《ちぎ》りから二年ばかりしたころ、許嫁《いいなずけ》の態度が急に冷たくなったため問い詰めると、互いの家の経済状態があまりに不釣り合いなので結婚はできないというのだった。今さらなんだ、と青年は憤懣やるかたない思いを抱いたが、じつは許嫁は他家の男との結婚が決まっていたのだった。それを知った青年は嫉妬で狂いそうになったが、許嫁の結婚の世話をした女性がいることを知った。嫉妬は憎しみに変わり、二人に強い殺意を抱くようになった。

一八九七（明治三〇）年春、四月下旬のある日の午前八時ごろだった。二人の女性が知人宅から帰宅することを聞きつけた青年は包丁を懐にして待ち伏せしたが、二人は現れなかった。諦めずにその日中探し回り、ついに街道を歩いている二人を見つけ、許嫁の前に立ちはだかり、街道脇の山中に引っ張りこみ「将来を約束しておきながら他家に嫁ぐとはあまりに人をバカにしてる」と罵り、怒りと嫉妬と憎悪の炎を一気に燃え上がらせて懐の包丁を取り出して胸倉をつかんで喉を突き刺し、即死させた。心配で追ってきた結婚の仲介をした女性は現場を見て、驚き逃げようとしたが、捕まり絞殺されてしまった。非道な犯罪を隠すために青年は、二人の死体を縄で縛り、猿轡《さるぐつわ》をかませ、数カ所を包丁で刺し、陰部にまで激しい傷を負わせ、さらに二人が持っていた金まで奪った。強盗強姦を装った非道な情欲殺人であった。

惨《むご》い殺人を犯したこの青年の両親は健在で、兄弟姉妹が七人もいた。教育はまったく受けておらず、若いころから気ままな生活をしていた。酒は嗜む程度で、家の宗教は真言宗だったが信仰心はほとんどなかった。

そんな家庭環境で育ち、情欲殺人を犯してしまった青年は、教誨のたびに非を諭す田中に訴えるのだった。自分はやってしまった行為を十分に悔悟し、改心しているので、何とか一命が助かるように典獄に頼んでほしいと。この訴えに田中が具体的にどう応答したかは手記には書かれていないが、むろんその訴えが叶えられるはずはなかった。田中はしかし、「備考」欄で書いている。

「彼の如きも永く監督の下に導き教訓することあれば、必ず改心者となるものと信ずるなり。多くは色情より起因する犯罪の如き、死刑執行の必要なき、今さら言を俟《ま》たざるべし」

田中はここでも色情による犯罪に対して死刑不必要と述べ、長く拘禁してじっくり教誨すれば「必ず改心者となるものと信ずる」に、傍線を引くように記している。田中はさらに付け加える。

「毎時ながら、恋情殺人罪の如きは、いつまでも社会に害毒を流すものに非ず。殺すの必要なきものなり」

田中は「恋情殺人罪の如き」の前に「毎時ながら」ということばをわざわざ置いた上で、「(情欲殺人は)社会に害毒を流すものではない」からという理由を挙げている。これは刑事政策上からではなく、やはり長い教誨体験から、情欲によって殺人を犯してしまった犯罪者には、死刑で生命を奪うのではなく、「再生」の道を探ってじっくりと時間をかけた教誨こそが必要だと田中は強調したかったのであろう。

事件から九年後に捕まって死刑囚になった男女がいた。

長野県小県《ちいさがた》郡出身の二人の男女による殺人事件が起きたのは一八九一（明治二四）年夏である。男は二八歳の時に商売を営んでいた他家の養子となり、そこで迎えた妻が病死し、それから放蕩がはじまり、しげく通うようになった料理店の妻と好《い》い仲になる。いつとはなしにそれは店の主人に気づかれ、二人は愛を遂げるには店主を亡き者にするしかないと、七月のある日知人と酒を飲んで泥酔していた店主を襲って殺害した。男は三三歳、女は三一歳で三人の幼子を置き去りにして一緒に東京へ逃げる。それから九年の歳月が流れた。だが二人の犯罪は発覚し、逮捕され、ともに死刑判決を受けた。

田中の教誨に男は犯した罪を深く悔いるようになった。田中は手記の「備考」欄で、「噫《ああ》、色情より起こりし犯罪の如きを、死刑に処するは真に無益の刑と言うべし」と死刑は無益だとまで断じている。つづけて「（情欲殺人は）生命を絶つまで（社会）に害毒を流すべきものに非ず」という持論をくり返す。「（二人は）犯罪当時より九年間の長年月、東京に潜匿なりしも、何らの社会に対して不良行為あることない」のがその証《あかし》だからだという。

田中は女監で三人の子の母だったこの女性の教誨も担当した。郷里から逃げて九年間、女性は義母や子どもたちのことが気になりながらも、罪を背負っての生に嘖《さいな》まれて便りも出せなかった。それを聞き及んだ藤澤典獄が女の出身地の役所などで子どもたちのその後を調べ、そのおかげで女性は処刑前に詫びの手紙を家族に出すことができた。田中の教誨の折りに女性は、郷里を逃げたとき三女はまだ八つで、右の手に火傷をし、包帯をして痛みをしきりに訴えながら眠っていたのを、「鬼か蛇か」のように見捨ててしまったと咽《むせ》びながら語るのだった。藤澤の調査で八つだった子が結婚したことも死刑執行の日の朝に知らされた女性は身体を震わせて慟哭《どうこく》した。藤澤の加害者への温情豊かな寄り添いについて田中は手記のなかでしばしば言及しているが、ここでは典獄と教誨師の二人の温情が一つの物語になったようでもあった。田中は処刑されたこの女性についての「備考」欄でも「死刑を行なうの益なき」と結んでいる。

二人の死刑執行は一九〇〇（明治三三）年五月二九日、同じ日であった。

手記には、情欲に絡んだ殺人事件は十数件を数えるが、いずれについても田中は「死刑の必要なし」「死刑にするには及ばず」「死刑は無益なり」などと言い切っている。

情欲に起因する殺人事件は、いつの時代も、どこでも、そして不思議な具合で起きる。

長野県中部出身の二八歳の染め物職人は同業者の先輩宅に住み込みで働いていたが、二〇歳上の同業者の妻と通じるようになった。一九〇〇年三月下旬、染め物職人はその妻との関係をつづけたくてついに先輩を殺してしまった。これが一、二審の裁判で認定され、死刑判決を受けた。ところが上告審になって染め物職人は、殺したのはじつは女のほうで、自分は使嗾《しそう》されて遺体を埋めるのを手伝っただけだという「新事実」を明かした。それによると、あらましこうだった。

先輩の妻は、夫がなかなか賭け事を止めないので注意すると暴力を振るわれ、このままでは死ぬしかないと訴えた。驚いた染め物職人が止めたところ、一緒になってくれれば思いとどまると言い寄るのだった。その後も女は、夫には将来の見込みがないから一緒になりたいなら、始末してほしいと再三にわたって夫殺しを持ちかけたが、染め物職人は同意しなかった。ある日の夜、女がやって来て、今しがた夫を殺したので死体を片付けてほしいというのであった。言われたとおり、男は遺体を先輩宅の土蔵脇の土中に埋めた。そうであれば殺人ではなく、死体遺棄である。

上告審判決はしかしこの「新事実」を斥け、一、二審どおりの死刑判決であった。

田中は上告審での染め物職人の申立てを聞いたが、どちらが真実かはわからなかった。いずれにしても「もはや詮ないこと」と思った。田中の見たところ女は相当に老獪《ろうかい》で、わけても色の道にかけてはなかなかの手だり、経験も豊かだった。二八歳の男は女に翻弄され、痴情の果てに先輩殺しへ走ったか、あるいは荷担させられた――田中はそう判断した。だがじつはこの男には妻も乳飲み子もいたのである。

情欲に溺れて犯した罪の深さを悔い改めるように説く田中の教誨に、二八歳の青年は夢から醒めたようにはっとしてうなだれるのだった。青年は情に厚かったが、教育が足らなかったために理性に乏しく、強い情欲を抑えられなかったと田中は見ていたようで、それが凶行に及んだ原因の一つだと判断した。

獄中でのこの男性は犯した罪に悩み、苦しみ、打ち沈むことが多く、しばしば田中の教誨を求めた。情欲に引きずられ、罪に苦しむ男の姿に田中は改めて、やはり長く監獄に拘禁し、教誨をすれば必ず良心が育っていくにちがいないと確信するのだった。死刑執行は、一九〇三(明治三六)年の春三月一六日午前だった。

執行直前、青年は田中に礼を述べ、母と妻宛に遺言書を認《したた》め、発送を頼んだ。「これまた死刑の必要を認めざる」と田中は手記の終わりのほうで書き付けているが、どうにもできなかった無念さと苛立ちが押し寄せてくるようだ。

この事件には後日譚がある。

死刑執行から五日後の三月二一日午前八時ごろだった。すでに常勤の教誨師として監獄教務所長になっていた田中が東京市麹町区の鍛冶橋監獄に登庁してきたところ、門前に二四、五歳の若い女性が幼児を背負って泣いている姿が眼に留まった。

〈朝早くにだれだろう〉

訝《いぶか》しく思った田中が門衛に尋ねた。

「だれかね？」

「所長、あの母子はつい先だって死刑になったばかりの男の女房とその子です」

ウム。うなずいた田中は母子を教務所へ案内し、長野からわざわざ来た訳を質《たず》ねた。背中の幼子を揺すりながら若い母親は訴えた。

「主人から遺言が届いて、驚いて……生前に会えなくて何とも残念でなりません。せめて墓参だけでもと思って、参ったわけでございます」

天を仰ぐようにしてため息をついた田中は母子を典獄室へ連れてゆき、事情を藤澤に話した。いたく同情した藤澤は東京に不案内だろうからと、署長の馬車を用意させて夫の遺骨が埋葬されている渋谷の埋葬地へと案内させた。おそらく田中も同道しただろう。その日、田中は自宅（このころの田中の住まいが判然としないが、第四章で触れるようにもしかしたら上野の池之端界隈か）に母子を一泊させ、翌三月二二日午前八時上野発の汽車で郷里の小諸へ帰した。帰郷後、妻と義父から田中と藤澤に何度も丁寧な礼状が届いた――。

手記には、犯罪と悲劇と人情がからみ合った心揺すぶる話もさりげなく綴られてある。そんなこともあって田中は「斯くも良き妻がありながら……何ごとぞ」と処刑された青年を批判し、それでも再び「死刑の必要を全く認めざるなり」とダメを押すのであった。

死刑やむなし……

田中が非道な罪を犯した死刑囚の生と死に向き合い、あるいは寄り添うような教誨をつづけ、死刑の必要なし、死刑囚の生を奪ってはならないとくり返すのは、「情欲殺人」や「故殺」だけではなかった。

田中の教誨師時代の晩年になるが、一九一〇（明治四三）年一二月一三日に死刑が執行された二人の死刑囚（ともに北関東出身）は、長年反目し合っていた村の小作派と地主派の争いのなかで子どもを含めて三人を殺害した。二人はともに小作派に属し、小作地の所属をめぐって地主派と激しく対立し、それが熱くなって一九〇八（明治四一）年四月一三日夜、小作派農民の協力で地主派のリーダー格の男を誘い出し、用意していた薪で頭部を滅多打ちにし、殺害した。二人は発覚を恐れてリーダー格の妻を呼び出して殺し、さらに自宅へ侵入して、一八歳の息子まで殺してしまった。かなり残忍な殺人だった。村内のさまざまな争いが殺人にまでエスカレートする例は、敗戦時までは少なからずあったようだが、二人の犯した殺人もそうした一つだった。

田中は二人にどう向き合ったか。教誨の中身は手記には記載されていないが、一人の死刑囚の「備考」欄は同情に溢れている。

「本人は今宗五郎《いまそうごろう》（江戸前期の下総《しもうさ》佐倉藩領内の百姓一揆の指導者で義民伝説の主、佐倉惣五郎と重ねたようだ）とも申すべきものにして、実に愍《あわれ》むべき犯罪なり。在監中は専ら謹慎を旨とし、毫も軽躁なる挙動を見ず。日々教誨師の入り来るを待ち居るものの如く、余が如き拙なる噺をも聞くことを無上の慰楽なりとて喜びいたり。嗚呼《ああ》本人をして（殺害された地主派のリーダー）の倅《せがれ》（略）を害することなくんば、或いは死を免れたらんも、勢いに乗じて疎（粗）暴の挙動に出でたるはくれぐれ（かえすがえすの意）も気の毒なり」

「死刑の必要なし」のことばをぐっと嚥《の》み下したような田中の感想である。もう一人についても刑の執行状況は記されていないが、「備考」欄ではやはり同情を寄せている。

「誠に朴直なる者にて、可憐の情ありし。日々に一大事因縁《いちだいじいんねん》（仏がこの世に出現する最も大事な理由は、一切衆生を救済する大目的にある）ということについて教誨を加えたるに、三、四ヶ月に至りてほぼ大概を感知するに至れり」

そして末尾に「この二人の如きは、死刑の必要なきものなり」と締めくくっている。田中は真宗本願寺派の僧侶として、仏教の大慈大悲を根っこにした教誨師であった。

しかし死刑不必要とは思っても、はっきりそうとは記していないケースもある。

一〇年ほど時を遡った一九〇〇（明治三三）年、強盗殺人を犯した山梨県出身の蚕種販売業の男（三六歳）の死刑が執行されたのはその年の一一月八日だった。母を三歳で、父を二六歳で亡くしたこの男は教育を受けたことはなく、粗暴な性格で酒に溺れがちであった。入監してしばらくは房内でも暴力を振るい、しばしば看守から叱責を受けたが、執行の三カ月ほど前から過ちを悔い改めることばが聞かれるようになった。これは田中が得意の古歌による教誨でとにかく悔い改めることが最も大切、来世は仏の世界に安住するようにと懸命に諭したからだと手記にあるが、藤澤の温かい対応も影響していたようだ。男は、実兄夫妻に犯した罪で迷惑をかけたと詫び状を書き、兄夫妻からそれへの返信があり、とても喜んだ。すべて藤澤の働きかけだった。これによって男は心から改心したと田中には思えた。

「刑場に臨みて、従容として」教誨を聴いたと田中は満足げに記している。死刑の必要なし、などのことばは手記にはないが、そうかといって死刑執行が当然だというふうには田中は考えていなかった、とわたしは読んだ。

岐阜県出身で寄留先の茨城県で殺人事件を起こした死刑囚がいた。一八五三(嘉永六)年の生まれで犯罪時の年齢は四〇代後半であった。一九〇一(明治三四)年一〇月一七日夜、かねてから知り合いだった精米水車業者宅へ行き、無心したところ拒否された。そこで男は短絡的に殺して強奪するしかないと、凶器を用意し、しかも、血痕が衣服に付かないように裸になって同じ日の深夜に同宅を襲い、夫婦を殺害して金品を奪った。計画的で悪質な犯行であった。これが裁判の判決謄本に記載された「事実」だった。

ところが男が田中と典獄の藤澤に語った「事実」は、いささか事情が違っていた。精米水車業者宅で八ヵ月間手伝いをしたが、約束の労賃が払われなかったので何度も催促したが断わられた。犯行に及んだ日は、手許に金がほとんどなくなり、労賃の支払いの催促に行ったところ、わずかな金銭を投げつけられたために、談判したが拒否されて殺害に及んだというのだった。判決で認定された事実と判決確定後の本人の弁と異なる例はほかにもあったが、その究極は冤罪である。男の説明はしかし冤罪とは異なり、犯行の事実認定の誤りで、そのとおりなら死刑判決に疑義が出る。田中にはしかし、その真偽を確かめる術はなかった。

夫婦を殺害した男は若いころから素行が悪く、生業も持たず、諸国を流浪し、放蕩三昧を尽くしたが、真宗門徒で信仰心は篤く、田中の教誨を熱心に、かつ喜んで聞いた。性格も温順だった。そこから田中は裁判で認定された「事実」を男が争わなかった心理をこう推し測った。「信仰の厚きため、人を殺せば自分も殺さるるは当然のことと思い」、裁判では事実の争いをしなかったのではないかと。

田中は刑死したこの死刑囚について「備考」欄の末尾で、信仰が篤いだけではなく、性格は温和、獄則もしっかり遵守し、年も五〇を越え、思慮分別もあり、長く監獄に拘禁しておいても逃走を企てる心配もないなどから、「死刑不必要」と刻むように記す。

獄則を遵守し、教誨に耳を傾け、それに応じた死刑囚に田中は「備考」欄の末尾に「称名念仏怠りなき」「可憐なる囚人」「獄則をよく遵守し」「惜しむべし」などと記すことが多く、言外に生命を奪うことは認め難いというニュアンスがにじむ。

しかし死刑囚のだれもが教誨を受け容れたわけではない。

岐阜県出身の死刑囚（犯行時四〇歳）は熊本で知り合った女性と対馬へ渡り、夫婦同様の生活をしていたが、生活費のために不動産など資産のある女の実父（東京市四谷区在住）にしばしば虚言を弄して金を送らせていた。二人は一九〇〇（明治三三）年一一月ごろに長崎に移住して鮮魚・酒小売店を営んでいたが、数カ月で失敗した。生活費にも困っていた折り、男は娘の父親が不動産分与の意思があることを知った。男はすぐにでもそれを実行するようにと女に迫り、上京した娘が父に懇願したが、存命中の財産分与はできないと断わられた。冷たく扱われたと思った娘は、長崎に帰って男に父の生存中には財産は得られないと伝えた。男は娘の父を殺めて財産を奪うしかないと決心し、父親の住まいの間取りや構造を娘からくわしく聞き、一九〇三（明治三六）年九月二〇日深夜に父親宅に忍びこみ、玄関脇の三畳間で寝ていた父親と、気づかれた父親の妾の二人を持っていた仕込み杖で斬殺した。謀殺と故殺だった。

高等小学校卒業程度の教育のあった男は、一時キリスト教を信じていたようだと田中は記しているが、それ以上のことには触れていない。刑の執行年月日も手記にはないが、一九〇四（明治三七）年半ば以後と思われる。田中はしかし、この男の「心理」については厳しい。「いたって不遜なる性質にて、気短く、疑い深く、とにかく物事に自分勝手な曲解をする」、何でもないことに当たり散らし、「一癖ありそう」な人物で、「人の為すべき道に背いて邪悪なことを為し」「自分の情婦の父を殺してその財産を奪うようなことは、到底普通人の為し得ることではない」と断じている。

田中が死刑囚を酷評している例はほとんどないが、そんな数少ない一人だった。刑の執行日に典獄がいつものように「何か遺言がないか」と訊くと、「何もない」とぶっきらぼうに返し、「家族はないのか」と問うても「なし」と答えるのみだった。田中とは違う教誨師が執行直前に最後の教誨をほどこそうとしたところ、「宗教の話は要らん。田中教誨師の教えを聞いて十分だ」と拒絶するのであった。執行直前の最後の教誨を「要らん」という死刑囚は珍しく、「死を恐れる様子もなかったが、とにかく風変わりな者」と田中はもてあましたようだった。死刑の是非については一言もないが、さりとて死刑当然ということばもない。

共犯者の女性は無期刑だったが、一九一〇（明治四三）年に仮出獄したとある。

この男以上に田中が手こずったのは、一九〇六（明治三九）年九月に東京監獄の刑場で処刑された二九歳の男である。前年九月一日の午後、男は出身地に近い埼玉県内でとある住宅に盗みのために侵入し、蚊帳のなかで午睡していたその家の主人を起こし、持っていた短刀を突きつけ「金を出せ、騒ぐと斬るぞ」と脅しながら斬りつけたが、主人は果敢に抵抗した。激高した男は主人の頭部など十数カ所を斬りつけて、殺害してしまった。強盗殺人である。大審院で死刑が確定したのは一九〇六年二月二二日で、刑の執行は七カ月後である。

当時は死刑が確定すると、執行まではあまり時日が置かれなかった。

手記には教誨の内容は記されていないが、「備考」のところで田中は容赦なく突き放す。「在監中いく度か遁走を企てて止まず。ある時は、看守の帯剣を奪わんとすることもありて、幾分執行を自ら招きたる観あり」

執行時にも何かトラブルを起こしたのか「追って記すべし」と田中は書いているが、それについてはどこにも記載されていない。田中は脱獄を考えたり、試みたりした死刑囚、つまり獄則に従順ではない死刑囚への観方は厳しかった。だから脱獄を企て、看守の帯剣まで奪おうとしたこの男については、死刑は仕方がなかったのではないか、と思ったようだ。それでも教誨に十分な時間があれば、田中は別の表現をしたかもしれない。

田中がはっきり、死刑もやむなしと記した死刑囚がいた。

長野県出身の蚕網製造業者の死刑囚（三九歳）である。一九〇七（明治四〇）年一二月四日深夜、金品強奪のために織物生地商宅の厠《かわや》の窓から忍びこんだ男は、座敷に押し入ったところ、幼児を含めた家人三人が気づいて大声を上げたため、短刀で次つぎに刺殺した。さらに別の部屋で寝ていた主人を起こし、家人を全員殺害したから金を出せと脅し、現金四七円余り（一九〇七年の東京での白米一〇キログラムの小売価格は一円五六銭、〇六年の巡査の初任給は一二円[13]）を強奪した上、殺害した。一家四人殺しの凶悪な強盗殺人事件であった。男の刑は一九〇九（明治四二）年一二月九日、大審院で死刑が確定した。執行は半年後の一〇年六月二一日である。

この男についても田中は教誨の様子をまったく記載していないが、男はしばしば脱獄を企てた。それゆえ教誨にも耳を傾けた様子がない。「備考」欄で田中は書いている。

「在監中度々脱監を企てしことあり。ある時は監外に飛び出せるなど、死刑の必要は斯くの如き者あるを以てなるべし」

田中が死刑を事実上認めたのは、手記ではこの男だけであった。それでも死刑確定から執行まではわずか半年だったから、もっと長く教誨していたら田中の手記もあるいは変わっていたかもしれない。

教誨に自信のあった田中が救い難いとあきらめたような死刑囚がいた。

越後生まれで住所は定まらず、父母と一緒に諸国を徘徊し、物乞い（「乞食」と表記されている）で辛うじて生活をしていた三四歳の男である。一九〇一（明治三四）年八月、避病院（伝染病隔離病院）近くで、同じ物乞い生活をしていた女性と知り合い、夫婦になりたいと思い母に相談したところ、強く反対された。何度頼んでもダメの一点張りだった。母が邪魔になった男は親殺しに走ってしまった。

田中のこの死刑囚への向き合い方は、他の死刑囚への寄り添うような姿勢が影をひそめ、眼差しは冷たい。手記の記述をそのまま記すと、「本人は非人、即ち乞食なれば、別に思慮ある者にあらず、己が色情を妨害せられしに由り、この如く無惨の挙動に出でしものなり」。物乞いで生きているから、思慮が足りないと田中は極めつける。手記の末尾で田中は「本件に付いては救護の道なきもののごとし」と突き放し、このような人物は死刑になっても仕方がないというニュアンスが伝わってくる。田中も身分によって人を極めつける意識や感情からは自由ではなかったのだろうか。

藤澤から刑の執行を伝えられた朝、男は「頻りに命が助かりたし、助かりたし」と哀願した。このような死刑囚にこそ田中には寄り添ってほしかったと、一〇〇年後の手記の読み手は思う。死刑の執行は一九〇二（明治三五）年二月二日午前だった。死刑の確定期日は手記には記載されていないが、前年八月の犯行から半年後に執行されているから、やはり確定から死刑執行までの期間は短かっただろう。

手記に記載されている一一四人の死刑囚のうち明らかに冤罪と田中が断じたケースは見当たらない。教誨師は判決謄本によってのみ事件の「事実」を知る。冤罪の可能性があっても教誨師は真偽を判断できない。だが冤罪をくり返し訴えた死刑囚が田中の前に現れた。

一八六〇（万延元）年生まれの茨城県出身の死刑囚である。判決によると、一九〇〇（明治三三）年夏のある夜、県内の山林内の山小屋に侵入したこの男は持参した出刃包丁とその場にあった斧で小屋の主を殺害し、現金五円や物品を奪った。

男は教育を受けたことはなかったが、窃盗などの犯罪を何度も重ねたために獄中で読書や学習をし、読み書きや思考力も身につけていた。大審院でこの男の死刑が確定したのは一九〇四（明治三七）年二月六日だが、田中の前でも一貫して冤罪を主張し、死刑に処せられることがどうしても納得できないと訴えるのであった。田中の教誨には冤罪だからと耳をふさぎ、懺悔《ざんげ》の念はなく、罪に服する意思もまったくなかった。田中の大慈大悲を語る仏教的な教誨にも感応は薄弱だった。遺言は短い。

「冤罪を以て死刑に処せらるること頗《すこぶ》る遺憾なり。故に刑に処せらるる人物にあらざることを世に証明するには（以下一七字は文意乱れ、不明のため省略）、遺骸を解剖せられ、医学上の参考に供せられんことを望む」

男は一九〇五（明治三八）年二月一五日に処刑されたが、しきりに主張した冤罪の具体的な中身は手記にはない。しかしこの男が冤罪を訴えた事実は手記に残された。

死刑須《すべか》らく廃すべし、否廃すべからず

一一四人はそれぞれ異なった生を生きて、窮極の「悪」である殺人を犯し被害者の生を断ち切った。かれらはそれゆえ国家の死刑制度によって死刑に処せられ、その生を奪われることになった。見てきたように田中は、仏教徒の教誨師として個々の死刑囚の生がぎゅっと凝縮された監獄の現場で、刑事政策からではなく、死刑囚に向き合い、伴走した。全身に補聴器を付けたように死刑囚の声に耳を傾け、対話し、諭し、迷い、憤り、悔やみ、惜しみ、苦しみ、あるいは突き放し、死刑の当否を、さらに制度の是非まで考えつづけた——。

『死刑囚の記録』『臨終心状』の二つの手記の「はじめに」に当たるところ（前者では「緒言」）で、田中は篤志の教誨師時代を含めて約二〇年、二〇〇人に及んだ死刑囚に向き合った体験と宗教者としての思索による結論を述べている。

田中は冒頭で言い切る。

「死刑須らく廃すべし　否廃すべからず」

死刑制度は当然、廃止すべきである、と断じてすぐに否定する。わかりにくい。しかし追い

かけて「其（死刑廃すべからず）は社会に害毒を流すの大なるものなればなり」とつづけている。

田中にとって死刑の是非の判断のポイントは、個々の死刑囚についてくり返し主張してきた「社会に害毒を流す」かどうかだった。だから田中はこうつづける。「監獄の規律に従順なるものならば死刑を執行する必要なかるべし。如何《いかん》となれば、監獄に永く拘禁し置かば社会に害毒を流すこと能わざればなり」。

獄則に従順な死刑囚は、犯した罪を認め、反省し、悔い改めた死刑囚であり、そのような死刑囚なら長く監獄に留めて、じっくり教誨をすれば必ずや社会に「害毒を流す」ことのない人物になるからだ、というのが田中の信念だった。

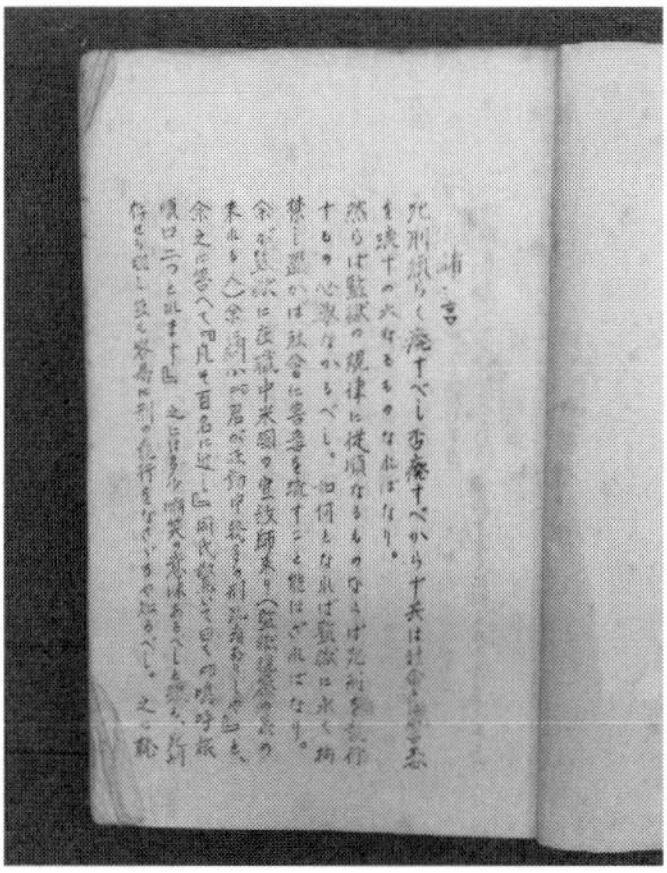
『故田中一雄手記　死刑囚の記録』（上）の「緒言」（法政大学ボアソナード記念現代法研究所所蔵）

逆に過ちを認めず、反省せず、悔い改めもしないままなら死刑はやむを得ないが、そんな死刑囚でも時間をかけてじっくり教誨すれば、やがては悔い改め、反省し、獄則に従うようになり、社会に「害毒を流さない」人になり、生き直せるのだという人間への信頼が、田中にはあった。もちろん田中にも個々の死刑囚についてはいくらかの揺れや迷いはあったが、結論は「死刑は須らく廃止」であり、「否廃すべからず」というのは、時間をかけた教誨によって必ずや「害毒を流さない」人物になるから、結局「須らく廃すべし」という最初のテーゼへ返っていく。

田中のこの信念を支えていたのは、犯罪者も必ず生き直せる、という人への信頼であったろう。ややわかりにくいところもあるが、田中の結論をわたしはそう受け止めた。

田中は「死刑須らく廃すべし」の結論に次のようなエピソードを挿入している。

ある時、アメリカ人宣教師が監獄視察に訪れ、田中に尋ねた。

「田中さん、あなたが在勤中にどれぐらいの刑死者がありましたか」

「そうですね、大体一〇〇名に近いでしょうか」

すると宣教師が驚いて、

「そんなに！　それでは旅順口が二つも取れます」

このやりとりから、宣教師が監獄視察に訪れた時期は日露戦争後で、鍛冶橋監獄が移転して市ヶ谷富久町《とみひさ》に新しく建設され、東京監獄になってからだろう。東京監獄は一九〇三（明治三六）年三月に内務省から司法省へと移管されているが、アメリカ人宣教師が訪れたのはその数年後だと思われる。田中はこの挿話に触れて、宣教師に「旅順口が二つも取れる」と言われて嘲笑されたように感じ「死刑存せる国と雖《いえど》も容易に刑の執行をなさざるやを知るべし。之れについては他日極論すべき決心」と記し、死刑制度があっても簡単に執行されていないことを教えられ、日本での死刑囚の刑の執行がなぜ多いのかについて他日を期して十分に論じ尽くしたいと述べている。

アメリカ人宣教師が驚いた日本の明治期の死刑執行数はじっさいどれほどだったのか。一八八二（明治一五）年に初めて出版された『日本帝国統計年鑑』には七六（明治九）年以後の死刑宣告数は掲載されているが、執行数は記載されていないので正確にはわからない。この統計年鑑に執行数が掲載されているのは九八（明治三一）年から一九〇七（明治四〇）年までの一〇年間で三二八人[14]である。これは全国での執行数で、当時のアメリカの執行数がわからないので比較はできない。

田中が宣教師の驚愕ぶりを記しているのは、死刑確定から執行までの期間が短いことと関係しているように思われる。田中の手記にはすべての死刑囚についての死刑確定期日と執行期日は書かれていないが、多くは確定から執行までは半年前後で、わずか数日というケースもあった。だからアメリカ人宣教師に指摘されて「死刑存せる国と雖も容易に刑の執行をなさざるやを知るべし」と批判したのであろう。この問題について田中は後日「極論すべき決心」と書いているが、残念ながらそれについて語ることも、記すこともなく、未完に終わった。

田中はこのエピソードにつづいて、仏教者の教誨師としての宗教意識による持論をゴチックで書くように記す。

「とにかく仏陀の大慈大悲を教えながら、黙して此の残酷極まる死刑を見るは忍ぶ能わざるなり」

残酷極まる死刑は、仏教の「大慈大悲」の教えに背く——これが仏教者田中のブレない心棒、軸である。田中の底流には、信仰にもとづく死刑に対するこの観方と、重大な間違いを犯し、躓《つまず》いても人は必ず生き直せるという人間への信頼、この二つが一つになってある。死刑はこの可能性を根こそぎ攫《さら》ってしまう。だから「死刑須らく廃すべし」となる。

「大慈大悲」の仏教教誨師としての心棒を述べたあと田中はさらにくり返し、かつ執拗に「死刑須らく廃すべし」の理由などを箇条書き風に述べている。

「色情に起因せる殺人罪の如き更に死刑の必要を認めず」

「仏陀の大慈大悲を説いて敢えて（進んでの意）改心、懺悔なす者、なおさら早く死刑執行せらるるの観あり」

さらにこんな事実も明らかにする。

「二〇〇人（の）死刑者（この数字は二〇年を超える田中の教誨師歴のなかで教誨した死刑囚であろう）中、誤判（つまり冤罪）の疑いある者　一」

たとえ一名でも裁判の審理を知らない教誨師から見ても誤判による冤罪があったという事実は非常に重いが、残念ながら手記にはそのケースは記されていない。田中はさらにダメ押しするように「死刑の必要なしと認むる者　一〇〇」と記している。半数は死刑不必要だったと断定しているが、では残りの半数は「死刑やむなし」だったのだろうか。そうではなく、判決確定から執行までの時間が短くて「死刑不必要」と言い切る教誨を十分できなかったからではないか。

田中が多くの死刑囚の教誨を通じて得た「死刑須らく廃すべし」は、殺人を犯した一人ひとりの死刑囚と向き合い伴走した末の結論であった。

田中は、出会うことを予想しなかった「大逆事件」の連座者の教誨を担当している。国家権力に殺された「大逆事件」の死刑囚は、人を殺めた一般死刑囚とはまったく違う。ただの一人も殺めていない「大逆事件」の死刑囚の教誨で田中はどんな結論を得たのだろうか。「死刑須らく廃すべし」の結論は変わらなかったのか。それとも「大逆事件」については、天皇にかかわる事件であり「死刑廃すべからず」だったのか。

第二章

死刑否定と「大逆事件」の相剋

「大逆事件」の死刑囚

「大逆事件」は近現代の日本において最も大がかりで、最も過酷な言論・思想弾圧事件である。半世紀後に再審請求を担った弁護士・森長英三郎は「世紀の大事件」と語っていたが、じっさい連座者の遺族の離散や故郷を追われるなどの悲劇が各地で起き、事件の影響は大地に染みつくように今もなくなっていない。法的にも再審請求が棄却されているので、死刑に処せられた一二人を含めた二六人は依然として有罪のままである。それゆえ一一〇年以上たった現在も名誉回復・復権運動がつづく、「世紀を跨ぎ越した大事件」になっている。

東京監獄で教誨師をつとめていた田中一雄は「大逆事件」の連累者、とくに死刑囚になった人びとにどう接し、どんなことばを交わし、どう感じただろう。

韓国併合の直前、一九一〇(明治四三)年五月二五日、長野県警察部と松本警察署は長野地裁検事局と打ち合わせ、かなり前から内偵を進めていた社会主義者で明科町《あかしな》(現・安曇野市)の国営製材工場の労働者、宮下太吉《たきち》を爆裂弾製造の疑いで検挙した(爆発物取締罰則違反容疑。検挙の際には、薬品などが押収されただけで爆裂弾の現物は最後まで発見されなかった)。検事らは宮下の供述などから明科工場の労働者新田融《にったとおる》や隣町の屋代《やしろ》町（現・千曲市）の新村《にいむら》忠雄・善兵衛の兄弟、それに東京・滝野川（現・東京都北区）の花卉栽培の園丁・古河力作《ふるかわりきさく》の四人を同じ容疑で次つぎ検挙していった。取調べの過程で管野須賀子《かんのすがこ》（スガとも。一八八一年生。当時、新聞紙法違反の換金刑で東京監獄女監に服役中。以下須賀子）と、事実上の夫の幸徳傳次郎《こうとくでんじろう》（秋水、一八七一年生）の名が浮かび、当局は俄然色めき立った。著名な思想家で優れた著作のあった秋水は社会主義者から無政府主義者となり、当局がその言動を最も注視していた人物だったから。

松本警察署は二日後の五月二七日、宮下ら五人に秋水と須賀子を加えた七人（秋水は当時、静養と執筆のために友人の相場師小泉策太郎の世話で湯河原の旅館「天野屋」に滞在中）を「共犯」として長野検事局に送った。この時点ではまだ爆発物取締罰則違反事件だったが、二九日になると宮下の爆裂弾製造は天皇を殺めることが目的だったという「自供」によって、長野検事局の検事正・三家《みついえ》重三郎は爆発物取締罰則違反事件から刑法第七三条容疑に切り替え、検事総長・松室致《まつむろいたす》に送致した。五月三一日松室は大審院院長の横田國臣に「至尊に対し危害を加えんとの陰謀を為し、且つ実行の用に供する為め爆裂弾を製造し、以て陰謀実行の予備を為したる者」として秋水ら七人を刑法第七三条違反容疑で予審請求（起訴）した。宮下検挙からわずか一週間で爆裂弾製造の材料以外の物証もないまま「大逆事件」へと大きく変質し、秋水は事件の「首魁《しゅかい》」にされた。事件全体の指揮を執った司法省民刑局長兼大審院次席検事の平沼騏一郎は、長野検事正・三家の報告を聞いた時点で何一つ証拠もないのに秋水を標的にした。

「秋水は首魁に違いない。先ず秋水を捕えねばならぬ。……逃げるといけぬから顔見知りの警察官を遣した」[15]

秋水は六月一日、湯河原から東京へ行く途中の熱海鉄道・門川駅近くで検挙された。

平沼の予断はしかし、当時の司法幹部に共有されていた。神戸地検の検事正のまま事件の捜査主任を任された小山松吉（のちに検事総長、司法相、法政大学総長）は、後年そのあたりのことをあけすけに語っている。「幸徳傳次郎は此の事件に関係ない筈はないというのが、当時関係官吏一同の意見であったのであります」「証拠は薄弱でありましたが、幸徳も同時に起訴するようになったのであります」[16]。秋水はいとも簡単に刑法第七三条に搦《から》め取られてしまった。

刑法第七三条は「天皇、太皇太后、皇太后、皇后、皇太子、又ハ皇太孫ニ対シ危害ヲ加ヘ又ハ加ヘントシタル者ハ死刑ニ処ス」と規定され、実行行為がなくても「加ヘントシタル」という予備・陰謀だけで死刑にできる恐ろしい法で、明治国家の性格を法的に表し、天皇制国家体制を守る強力な装置だった（刑法第七三条の天皇等危害罪から不敬罪を含む第七六条までは「皇室に対する罪」）。だが予備・陰謀の法的な意味は曖昧で、運用者の判断でいかようにも拡大適用される危うさがあったから、国家権力には、運用に当たってとくだんの慎重さが求められた。じっさいの捜査はしかし、平沼や小山が得意げに語っているように最初から根拠薄弱のまま、でっち上げを含んで予断と推論で進められた。

日露戦争に反対した秋水と古い友人の堺利彦《さかいとしひこ》は、開戦賛成に踏み切った黒岩涙香《るいこう》の『万朝《よろずちょう》報《ほう》』（朝報社）を退社し、一九〇三（明治三六）年一〇月、社会主義の啓蒙、宣伝のために「平民社」を結成して「自由・平等・博愛」を高く掲げた機関紙『平民新聞』を創刊した。同紙は日露戦争に対する非戦を軸に支持者を獲得し、日本でも社会主義が少しずつ受け容れられていった。当局は、社会主義は天皇制国家体制を危うくすると強く警戒し、集会・結社・言論の自由に対する制限と、労働・社会運動の取締りのために治安警察法（一九〇〇年制定）や新聞紙条例（一八七五年制定、一九〇九年新聞紙法）、出版法（一八六九年制定の出版条例を継承し、一八九三年制定）などを使い、新聞の発行禁止、編集人検挙などで弾圧をつづけた。社会主義者らは活動には欠かせない新聞が潰されると、新たな新聞を東京、大阪、熊本などで創刊して懸命に抵抗をつづけたが、弾圧は厳しくなるばかりで活動家は囚われ、罰金によって生活も苦しくなり、次第に運動は追い詰められていった。

社会主義への弾圧のピークが一九〇八（明治四一）年六月の「赤旗事件」であった。神田で開かれた集会に参加し「無政府共産」などの赤旗を振って街頭デモをした若手の荒畑寒村《あらはたかんそん》や大杉栄らが検挙され、警察と大杉らのあいだの仲裁に入った須賀子、山川均《ひとし》、堺利彦ら男女一四人が捕まった。判決も過酷だった。通常の量刑の数倍から一〇倍の重さで、社会主義運動は致命的な大打撃を受けた。須賀子は「赤旗事件」の裁判で裁判長から問われて「最も無政府主義に近い思想を持っております」と言い切り、日本の社会主義運動では女性として初めて無政府主義者を名乗った。

病弱だった秋水は「赤旗事件」当時、郷里の高知・中村(現・四万十市)で静養を兼ねてアナキストのクロポトキン著『麵麭《パン》の略取』の翻訳をしていたが、「サカイヤラレタ　スグカエレ」の電報で急きょ上京し、何とか運動を再興しようと出獄したばかりの須賀子と新聞『自由思想』(平民社発行)を創刊した。一九一〇年春である。『自由思想』はすぐに弾圧され、二号まで出すのがやっとだった。社会主義活動の最後の表現活動になってしまった。

『自由思想』が新聞紙法違反に問われて平民社などに多額の罰金を科されたが、すでに経済的にもボロボロになっていた秋水には払えず、代わりに須賀子が換金刑で入獄したのがこの年五月一八日であった。信州で宮下が爆発物取締罰則違反容疑で検挙されたのは、その一週間後である。秋水らが主導してきた社会主義運動は「赤旗事件」と、最後の抵抗だった『自由思想』に対する発禁処分で幕を下ろしかけていた。それでも当局は秋水の影響力を恐れた。

「大逆事件」の背後には、社会主義を最も恐怖した明治政府の最高権力者だった元老・山縣有朋がいた。事件が明らかになる前から山縣は、社会主義の伸長を危険視していた山縣派ブレーン、東京帝国大学教授の高橋作衛《さくえ》、穂《ほ》積《づみ》陳重《のぶしげ》・八《や》束《つか》兄弟らの意見や情報を得て、宮内相、同次官などを通じて明治天皇にも社会主義に対する意見を伝えていた。ブレーンのなかでもとりわけ穂積八束（後年、美濃部達吉の「天皇機関説」を上杉慎吉とともに攻撃）は社会主義弾圧の強硬論者で、事件進行中の六月二二日付の山縣宛の書簡で、国家にとって社会主義は自由民権より危険で、「全力を尽して萌芽を剪《き》るべき時」と述べ、文筆による相応の協力をしたいと伝えている。[17]

「大逆事件」の予審請求が固まりつつあった九月八日、山縣は穂積八束によって作成されたと思われる社会主義についての意見書――おそらく「社会破壊主義論」を宮内相の渡辺千秋や主な閣僚らに送っている。それは渡辺を通じて天皇にも提出されている。「社会破壊主義論」は社会主義が天皇中心の国家組織と根底から対立しており、根絶を急がねばならないと説いていた。穂積は「社会破壊主義論」と併せて社会主義の取締法案も起草して、山縣に提出している。この法案が過激社会運動取締法案（一九二二年、第四五回帝国議会）を経て、一九二五年に制定された治安維持法となる。[18]

社会主義根絶を目ざす山縣の意向を汲んだのが同じ長州出身で、「大逆事件」当時の首相・桂太郎だった。山縣―桂の政治勢力に主導された司法省は明科の事件を社会主義・無政府主義を圧殺する好機と捉え、爆発物取締罰則事件だけで幕にはせず、七人の取調べから刑法第七三条違反事件へと拡大し、捜査の網を和歌山・新宮、熊本、岡山、大阪、神戸など全国の社会主義者やその同調者、友人、知人らにまで拡げ、天皇暗殺の予備・陰謀の物語をつくっていった。捜査本部は東京地裁の検事正室に置かれ、捜査本部を通じてもたらされた事件の進展状況を平沼から聞いた桂は始終、それを天皇に報告していたという。[19]

事件の予備・陰謀を構成する具体的な計画や準備などを明かす物証がなかったために検事らは、社会主義者や同調者らが弾圧の厳しさや逼塞《ひっそく》状況を嘆き、憤懣《ふんまん》をぶつけ合う雑談や茶話会などで交わされた会話や放言などから「大逆事件物語」をつくり上げていった。こうして多くの連累者は秋水や須賀子らと同じように当局の予断と偏見で人生を突然断ち切られていったのである。「大逆事件」の最もいたましい被害者の一人、森近運平（一八八一年生）に触れておこう。

弾圧のつづく東京や大阪での社会主義運動に疲れ、新しい人生を歩もうと森近運平が妻と子どもと一緒に郷里の岡山・高屋村（現・井原市）に帰ったのは一九〇九（明治四二）年三月だった。農学校出身の森近は村の中心地の笠岡でガラス温室を建てて欧州ブドウ、イチゴ、トマトなど、当時にあっては先進的な高等園芸に取り組み、やっと軌道に乗りはじめたところを突然勾引された。一九一〇年六月一四日早朝である。かつては社会主義運動の優れた理論家、活動家だった森近はずっと警察から監視されており、内務省警保局の調査資料には「至極平穏ニシテ何等怪シムヘキ行動ナシ」と報告されていた。にもかかわらず、森近はすでに検挙三日前の六月一一日に刑法第七三条違反容疑で何の証拠もなく起訴されていたのである。秋水のところでも触れた小山松吉は森近の起訴についても語っている。

「森近は「自分は親もあり、妻子もあり、乱暴なことをする考えはない」。こう云うことを言って居る。……どうもそれは森近の口癖に云う言葉であるが、何か訳があろうから、別に端緒を得られそうにないことであるけれども、そう云うことからでも何か端緒が得られるだろうというのが捜査本部の意向であった[20]」

予断や推論どころではない、とんでもない乱暴な理由だった。森近は東京へ連行される時に、「すぐに帰ってくるから」と家族らに言い置いていったが、じっさいそのつもりだった。しかし森近はそのまま不帰の人となってしまった。

「大逆事件」では全国で一〇〇〇人近い人びとが取調べを受けたといわれ、結局二六人が起訴され、同年一一月九日に大審院の特別公判に付されたのであった。

大審院での公判開始決定が新聞報道され、明科の事件以後報道管制が布かれていた事件が一般に明らかになった。初めての刑法第七三条違反事件である以外のくわしい内容は伏せられていたが、当時のメディアの中心の新聞はこれ以降、「大逆無道」「有史以来未曽有《みぞう》の大陰謀」などと、社会主義や無政府主義がいかに恐ろしい思想なのかを人びとに印象づけようとした当局の思惑どおり「逆徒」呼ばわりの報道をくり広げていく。連累者の家族、友人、知人にも批判の眼差しが向けられ、事件が国家の仕組んだ「思想殺し」の権力犯罪と見抜いたり、疑ったりする意識は当時の社会には生まれなかった。

事件が公になったころと思われるが、政府部内には「事実が判ったら、どんどん首を切ったらよかろう」という声があり、主任検事の小山は枢密顧問官の一人から「幸徳の事件は証拠などを詳細に取り調べる必要はない。事柄が明瞭なら死刑にしてしまったらいい」などといわれたと語っている。[21]

刑法第七三条違反事件は当時の刑事訴訟法で一審終審と決まっていたから、社会主義・無政府主義の根絶を目論む国家にはこれほど好都合の法はなかった。一二月一〇日に幕の上がった大審院特別法廷はほとんど連日開廷されたが、一般傍聴はおろか新聞記者の傍聴も初日の人定尋問以外すべて禁止され、非公開の密室審理がつづいた。ただ、判・検事や司法省官吏らは傍聴が認められていたことが明らかになり、弁護士会から抗議の声が上がったため、大審院は審理の終わり近くの一二月二〇日の第八回公判から弁護団以外の弁護士一〇人に限って特別傍聴を認めた。二〇日には布施辰治《ふせたつじ》ら一〇人が傍聴したと『時事新報』は報じている。

一九〇三（明治三六）年に弁護士登録をした布施は、〇六（明治三九）年の東京市電（当時は民間会社の経営）の値上げ反対運動の騒擾《そうじょう》事件の弁護人となり、以後社会運動への弾圧と闘う戦闘的弁護士になっていく。のちに布施は「生きべくんば民衆とともに、死すべくんば民衆のために」のモットーどおりに国内だけでなく、植民地朝鮮や台湾でも民衆のために闘ったが、「大逆事件」の際にはまだ三〇歳の青年弁護士だった。それでも布施は明治法律学校（現・明治大学）の恩師、磯部四郎が「大逆事件」の筆頭弁護人だったことから、弁護人になりたいと頼んだという。

布施の息子の布施柑治《かんじ》が父から聞いたエピソードを後年、明かしている。

「F氏（と柑治は父をこう表記している）は連座した唯一人の女性管野スガの弁護人にあっせんしてほしいと頼んだが「君は法廷の発言で問題を起こしそうだ。あぶなくて弁護させられない」とことわられた。傍聴はした[22]」

布施が須賀子担当の弁護人になっていたら、被告人らが高く評価した三二歳の若き弁護人平《ひら》出修《いでしゅう》（明治法律学校卒で布施の後輩）とは違った弁論を展開したのではないか。もしかしたら「大逆事件」裁判の歴史が変わっていたかもしれないとさえ想像する。

布施らが特別傍聴した一二月二〇日の第八回公判では秋水、奥宮健之《おくのみやけんし》（一八五七年生）、成石《なるいし》平四郎《へいしろう》（一八八二年生）の三人の供述があった。その印象について布施は柑治に何度もこう話していたという。

「幸徳秋水が判決予審調書のデッチ上げを指摘し、事件の根幹をゆるがすのを聞きながら、幸徳は小柄なのに少しも小さく見えないのが印象に残った[23]」

「大逆事件」では、二六人はまとめて刑法第七三条違反で公判に付されたが、法廷で初めて顔を見、名前を聞いた相被告も少なくなかった。法廷の記録である公判始末書が未発見（最高裁にもない）のため、裁判官の被告人尋問のくわしい内容や弁護人一一人の弁論などの中身は、弁護人の中心だった今村力三郎と平出修が記した断片的なメモでしか知れないが、告知的な新聞記事によれば被告人への尋問は第一〇回の二二日までつづいた。秋水らの獄中記などから想うと、裁判官は二六人の被告に自由に語らせたようで、それが被告人らに期待を抱かせることになった。自由にしゃべらせたのはしかし、結論が最初から用意されていたからである。和歌山・本宮町（現・田辺市）出身で新宮の医師・大石誠之助（一八六七年生）との関連で起訴された、かつては社会主義者だった成石平四郎は獄中記で期待の一端をのぞかせる。

「自分は今回の事件は、最初から罪なども定めているのだろう。公判なども一個の形式じゃと思っておった。ところが意外〔に〕慥《たし》かに丁寧なる審理をうけた。此の調子では事実の真相に適合した判決を見ることが出来るであろう」[24]

　秋水や須賀子、あるいは禅僧の内山愚《ぐ》童《どう》ら獄中体験のある、ごく限られた被告人を別にすればほとんど同じ思いだったろう。二六人の大半が検事や予審判事の調べなどを受けた経験もなく、裁判も初めてだったこと、何より罪を犯した事実がなく、無実だと確信していたからである。裁判官がよく聞き、調べれば無実とわかるはずという信頼があった。今もなくならない冤罪事件の被害者の心理にも通じる。

　一二月二三日第一一回公判で弁護団は十数人の証人と現場検証を申請したが、翌二四日の第一二回公判で裁判長・鶴丈一郎は一切の証人申請と現場検証を却下した。一二月二五日の第一三回公判で平沼騏一郎と板倉松太郎の両検事が論告し、平沼は事件について「動機は信念」と述べ、思想自体が刑法第七三条に違反する事件の「元凶」で、それを裁くのだと断じた。最後に検事総長の松室が「刑法第七十三条ヲ以テ処断スベシ　同条ハ特別ノ法律ナリ　大宝律以来ノ長イ歴史ヲ有ス（天皇、皇族らへ危害を）加ヘントシタルモノナリ　予備、陰謀ヲ含ム」と締めくくって二六被告人全員に死刑を求刑した。

弁護団の弁論は一九一〇年の暮れも押し詰まった一二月二七日から二九日まで三日間つづき、最終日の二九日の夜九時に裁判長・鶴が結審を宣した。公判開始から途中の休日を除くと実質たった二週間であった。「裁判所が審理を急ぐこと、奔馬のごとく一の証人すらこれを許さざりしは、予の最も遺憾としたる所」と、弁護人の今村力三郎が嘆きつつ批判した裁判だった。[25]一審終審、非公開、証人採用せず、わずか二週間の審理、無実でなければ死刑――。何とも無惨で過酷な「大逆事件」裁判であった。それでも多くの被告人は無実で無罪を信じ、いずれ郷里に帰れると信じていた。

受容、静謐、無念

二六人は全員、収監されていた東京監獄から馬車で大審院へ通った。田中一雄が裁判中に秋水らの教誨をしたのかどうかは、『死刑囚の記録』には記されていないが、事件当時、東京監獄にはもう一人教誨師がいた。真宗大谷派僧侶の沼波政憲《ぬなみせいけん》で、一九〇四（明治三七）年八月から巣鴨監獄（のち府中刑務所）の教誨師をつとめ、〇九（明治四二）年一〇月に東京監獄の教誨師になった。それ以後、同監獄の教誨は二人体制となり「大逆事件」の被告人に対しては田中と沼波が交互に教誨をしたのではないかと思われるが、他の未決囚の教誨もしなければならず、かなりの激務だった。

一九〇九（明治四二）年、二〇代で東京監獄の看守の職を得て偶然、秋水を最後まで担当した菅野丈右ヱ門が一九七〇年代に語った証言記録がある。[26] それには、各監房が見渡せる中央の二階の後方に教務所が設けられてあったという。田中と沼波はそこに詰めていたのだが、菅野は「教務所長という坊さんが居りこれがなかなか格式を持ったもので、待遇は奏任官とかで看守が敬礼でもしないものなら、お前は何と言う看守かと怒られたものです」と語っている。教務所長の田中は古手であり、怖かったのだろう。

菅野はしかし二人の教誨師については何も語っていない。教誨師は囚人には重要な存在だが、看守から見て裏方であった。「大逆事件」の被告人らも裁判中から獄中記や日記を残し、許可された範囲で友人や知人に書簡を書き送っているが、そのなかで教誨や教誨師について触れた被告人はほとんどいない。

秋水に「青白眼」というアドレス帳がある。内外の知人、友人ら約八〇人の住所が掲載されてあるが、そのなかに田中正造、木下尚江らに混じって沼波政憲の名が見える。[27] 秋水と沼波がどの程度の知り合いだったかはわからないが、秋水の獄中記などには沼波の名前や教誨については一言も言及されていない。「大逆事件」の被害者で教誨について獄中記で言及していたのが成石平四郎である。

「今の監獄法施行規則第八十条第弐項は規定して曰く。「必要アリト認ムル時ハ典獄ノ休業日又ハ日曜日以外ノ日ニ於テモ教誨ヲ為サシムルコトヲ得」と。此の規定よりすれば典獄が以て必要なりとせば年中教誨するも妨げざるなり。吾人は実にしかく解せん事を望む。更にその解釈の実地に行われんことを望む。

週に一回の教誨と雖も之れ形式にあらざるべし。必ず実効あるならん。されど週に一回の教誨にてハ次の教誨までに冷めることなきか。先の教誨と次の教誨の連絡は、彼等囚人の間に於ける談話（謗沮《ぼうそ》あり、綺語・妄語・悪口・両舌）［に］因って断たれつつあるにあらざるなきや。吾人の憂うる所ここにあり。余は毎夜教誨すれば慥《たし》かに偉大効力あるを信ず。この点について他日細密なる調査を遂げ、監獄と教誨と題して世に問う時あらんとす。他日の参考の為め今仮にその項目の一、二を記しおかん〔余が毎夜と云えるは作業時間に差支えなき範囲との意なり〕。

緒論。刑罰の歴史及び目的。各国の監獄制度。日本の監獄及びその法規。犯人の統計。㈠犯罪別　㈡年齢及び男女別　㈢教育別　㈣宗教別　犯人の解剖。㈠心理的研究　㈡刑事人類学者の説（再犯者の語る所・懲罰・効力）。免囚保護事業の成績〔続〕感化院・教会及び寺院の研究。難行門・易行門。信者の職業統計。宗教家の責任。結論」[28]

中央大学法学部法律専科出身だった成石は、他の被告のだれも気づかなかった一九〇七年制定の監獄法の施行規則にまで注目し、教誨を可能な限り頻繁にやれば効果も上がるはずだと提起している。成石の獄中記から推測すると、「大逆事件」の連累者には早い段階から週一回の教誨が行なわれていたと思われる。成石の教誨を田中が担当したのか、沼波だったのか、それとも二人が交互に担当したのかはわからないが、田中が成石の意見や「監獄と教誨」のタイトルで執筆したいという提案を知れば何と応じただろうか。成石も「他日細密なる調査を遂げ、監獄と教誨と題して世に問う時あらん」と書き、いずれ発表するつもりだったようだ。それは当然、帰郷を前提にしていたのだが、叶わぬ「夢」と消えた。

「大逆事件」の被告人は成石だけではなく、当時にあっては多くが知的で、文化的教養があった。『廿世紀之怪物帝国主義』はじめ多数の著作があり、新聞記者出身で思想家だった秋水はもちろん、アメリカで医師免許を取った大石誠之助、真宗僧侶の髙木顕明《けんみょう》（一八六四年生）、曹洞宗僧侶の内山愚童（一八七四年生）、臨済宗僧侶の峯尾節堂（一八八五年生）、東京専門学校（早稲田大学の前身）中退で『熊本評論』を発行していた松尾卯一太《ういった》、新美卯一郎（ともに一八七九年生）、『社会主義綱要』というレベルの高い社会主義の理論についての著作を堺利彦との共著で出していた森近運平らがいた。須賀子も『大阪朝報』や『牟婁《むろ》新報』『毎日電報』などで記者をしていた。また宗教的には仏教信仰者も少なくなかった。獄中で真宗僧侶の田中か沼波のどちらかの教誨によって仏教に帰依した被告もいた。個人差はあったが、二六人はそれぞれ二畳半の独房で許可された本や差し入れられた聖書や仏教書などを読み、親、妻、子どもら家族に、そして親戚、知人、友人らに許された範囲で手紙を書き、未決囚の作業に従った。弁護士との接見や知人らとの面会も多かった。

むろん検挙されてから刑法第七三条を初めて読んで「コイツ又驚いた。死刑より外に道のない条文だ……さすれば家に帰る処か人にも会えず、ここで苦しく苦しんでその後死ぬるまでの事、当年三十一歳、短い一生であった[29]」と激しく動揺した成石勘三郎（一八八〇年生、平四郎の兄）のような被告人もいたが、それでも全員静かで、冷静で、いわば模範囚であった。教誨師田中が接してきた、たとえば情欲殺人のような一般刑事事件の囚人とはまったく異なっていた。

天皇等危害罪を規定した刑法第七三条事件の初の判決言い渡しは一九一一（明治四四）年が明けた一月一八日、薄日の射す寒い日であった。宮中では、この日午前一〇時から新年の「歌御会始」（一九二九年から「歌会始」）が開かれていた。

判決公判だけは一般にも公開され、約一五〇の傍聴席は満席になった。午後一時五分に開廷し、裁判長の鶴は二六被告人を全員着席させ、冒頭で主文ではなく、判決理由を一人ひとりについて朗読していった。全部の朗読に四七分を要した。判決理由を聴いていた大半の被告は主文を予想して衝撃を受けた。死刑を覚悟していた須賀子は他の被告が救われるようにと祈るような思いであったが、ことごとく刑法第七三条に結びつけられていったことがわかり不安になった。それでも……と須賀子は全身を耳にして主文を聴いた。判決理由を読み終えると鶴は全員を起立させて、ひと呼吸おいて「主文」と大法廷に響く声を上げた。

「被告幸徳傳次郎、管野スガ、森近運平、宮下太吉、新村忠雄、古河力作、坂本清馬、奥宮健之、大石誠之助、成石平四郎、髙木顕明、峯尾節堂、﨑久保誓一、成石勘三郎、松尾卯一太、新美卯一郎、佐々木道元、飛松與次郎、内山愚童、武田九平、岡本穎一郎《えいいちろう》、三浦安太郎、岡林寅松、小松丑治ヲ各死刑ニ処シ、被告新田融ヲ有期懲役十一年ニ処シ被告新村善兵衛ヲ有期懲役八年ニ処ス」

政治や国家への批判はあっても、ただの一人も殺人を犯していない二四人は天皇暗殺の予備・陰謀を企てた確たる証拠もないにもかかわらず、一瞬にして天皇制国家によって死刑を突きつけられた。国家が思想を抹殺するために発動した暴力の果て、それがこの途方もない酷烈な判決だった。

判決が終わった午後四時から日比谷の大審院の一室で慰労会が開かれた。裁判官、東京地裁の予審判事、大審院の各検事局検事、書記官らが集まって「酒杯をかわしつつ判検事が仲よく苦心談や手柄話を語りあった」[30]という。

翌一九日夜九時過ぎ、二四人のうち武田九平、岡本穎一郎、三浦安太郎、岡林寅松、小松丑治、坂本清馬、佐々木道元、飛松與次郎、髙木顕明、峯尾節堂、﨑久保誓一、成石勘三郎の一二人が天皇の「恩命」によって無期に減刑された。

各紙は「減刑の恩命下る」「感泣せる十二名」「恩命に浴せし被告」などの見出しで減刑を報じたが、無期になった一二人への知らせには教務所長の田中も立ち会っている。『東京朝日』（一月二一日付）の記事によれば、特赦の「恩命下りたるは十九日夜六時」で、司法相の岡部長《なが》職《もと》が東京監獄典獄の木名瀬礼助——鍛冶橋監獄、東京監獄で田中一雄と一〇年一緒だった藤澤正啓は「大逆事件」の前年の一九〇九年七月に巣鴨監獄典獄に転勤していた——を呼び特赦状を交付した。木名瀬は東京監獄に取って返し、三人の課長と「教務所長（田中一雄）、医務所長」を同席させ、一二人を順々に呼んで特赦状を読み上げて手渡した。「有難き特赦の恩命を蒙りて何れも至仁なる皇恩に感泣せざる者なかりき」と同紙は伝えている。各紙とも異口同音に天皇の「思し召し」によって一二人が救われたことをもったいをつけて報じている。田中は知らなかったが、天皇の「恩命」はじつは、山縣有朋の意向で判決の前から用意されていたのである。

山縣は判決三日前の一月一五日に恩赦の意向を宮内次官の河村金五郎に伝え、山縣の忠実な使者の河村は宮内相と首相のあいだを奔走し、その結果を山縣に報告した。河村は判決前日の一月一七日午後二時に山縣に減刑の手はずについてくわしく書簡で報告している。河村が山縣の意向を宮内相と首相に伝えたところ、それぞれ異議なく同意し、判決日の一八日午後一時半に首相が判決の写しを持って参内し、内奏時に「首相に対し御沙汰ある事」という手はずになった。書簡はさらに「御沙汰」にもとづいて判決翌日の一九日午前九時に、大審院長、検事総長、民刑局長らを内閣に召集し、その席には宮内相も参加し、それが終わったら首相は閣僚と協議し、参内上奏することになったのである。書簡はこうつづいている。

「閣下御考慮の通り、上御一人を煩わし奉らざる形式を取る事と相成り、且つ多方面ニ渉りて講究を遂げ、違算なきを期せらるる筈に有之候……減刑すへき者の範囲ハ、一九日朝司法関係者の意見を聴かれたる後、首相ニ於テ腹案を定められ、内閣諸公に協議せらるる筈[31]（後略）」

天皇を煩わさずに「恩命」を発する準備が判決前から、判決直後まで万端に整っていたのである。被告人らはもちろん、典獄さえも、さらには教誨師の田中も舞台裏でこのようなシナリオが書かれ、そのとおりに進むことになっていたとは知る由もなかった。

無期に減刑された一二人と二人の有期刑囚は、数日後に秋田、千葉、長崎監獄へと送られていった[32]。

死刑を背負わされ東京監獄に残された一二人は、人生の途中で生をへし折られる死とどう向き合ったのか。

秋水は獄中でいくつかの文章を書いているが「死刑の前」は未完のまま絶筆になった稿である[33]。おそらく一九一一年の年明けから書き出したようで、四〇〇字詰め原稿用紙二八枚に毛筆で書かれている。

「私は死刑に処せらるべく、今東京監獄の一室に拘禁せられておる。嗚呼死刑！　世に在る人々にとっては、これ程忌まわしく恐ろしい言葉はあるまい。いくら新聞では見、物の本では読ん〔で〕いても、まさか自分がこの忌まわしい言葉と、眼前直接の交渉を生じようと予想した者は一個《ひとり》もあるまい。而も私は真実にこの死刑に処せられんとしているのである」

こう書き出した秋水は「今の私自身にとっては、死刑は何でもないのである」と権力を嗤《わら》い飛ばすがごとくである。

「私が如何にして斯かる重罪を犯したのであるか、其の公判すら傍聴を禁止せられた今日にあっては、固《もと》より十分に之を言うの自由を有《も》たぬ。百年の後《の》ち、誰かあるいは私に代わって言うかもしれぬ、孰《いず》れにしても死刑其の者は何でもない」と事件の本質を捉えながら、そのことは後世明らかにされようが、己自身に即していえば死刑は何でもないと言い切る。「死刑！私には洵《まこと》に自然の成行（き）である。これで可《よ》いのである。兼ての覚悟あるべき筈である。私に取っては、世に在る人々の思うが如く、忌まわしい物でも、恐ろしい物でも、何でもない」ととくり返す。だが秋水は死刑制度によって過去に善良な人びとが、あるいは罪なき人びとが殺されていった事実も忘れはしない。

「死刑が極悪・重罪の人を目的としたのは固よりである。従って古来多くの恥ずべく忌むべく恐るべき極悪・重罪の人が処せられたのは事実である。されども此れと同時に多くの尊むべく敬すべく愛すべく善良・賢明の人が死刑に処せられたのも事実である。而して甚だ尊敬すべき善人ならざるも、また甚だ嫌悪すべき悪人にもあらざる多くの小人・凡夫が、誤って時の法律に触れたるが為に——単に一羽の鶴を殺し、一頭の犬を殺したということの為にすら——死刑に処せられたのもまた事実である。要するに刑に死する者が必ずしも常に極悪の人、重罪の人のみでなかったことは事実である」

秋水は死刑制度を視野に入れながら自己の死刑を考える。

「人に死刑を〔に〕値する程の犯罪ありや。死刑は果たして刑罰として当を得たる者なりや。古来の死刑は果たして刑罰の目的を達するに於て、よく効果を奏せりやとは、学者の久しく疑うところで、これまた未決の問題として存しておる。而も私はここに死刑の存廃を存す〔論ず〕るのではない。今の私一個としては、其の存廃を論ずる程に死刑を重大視していない」

未完の「死刑の前」は次の一節で止まっている。刑の執行の呼び出しがなされたからだ。

「病死と刑死とを問わず、死すべきの時一たび来たらば、十分の安心と満足とを以て之に就きたいと思う。

今や即ち其の時である。是れ私の運命である。以下少しく私の運命観を語りたいと思う」

自己の死（刑）を淡々と受容する秋水の運命論的な言辞はしかし、決して諦めではなかった。それは、後世のだれかが事件の本質を明らかにするだろうという暗示的なことばからもうかがえる。「死刑の前」はあくまでも秋水個人の死生観だった。

秋水は一九〇一（明治三四）年に結成された日本で初めての社会主義政党、社会民主党（結成二日後に禁止）の創立メンバー六人のうちの一人であった。安部磯雄が執筆した社会[34]民主党宣言とその綱領（二八項目）の二四番目には「死刑を全廃すること」が掲げられているように、秋水も死刑廃止論者であった。しかしそれは一般論で、「大逆事件」で死刑を宣告されたこの時の秋水は、無政府主義の主唱者として多数の連累者を生んでしまったという自責の念、また持病の結核が重かったなどで死刑を自己の死の問題として捉えたように思われる。もちろん「死刑の前」は未完なのだが。

しかし、だれもが秋水のように死刑を受け止めたわけではない。

熊本の松尾卯一太は判決の一八日朝、幼子を二人抱えた妻の静枝に己の不安を書き送っている。[35]

「今日は十八日なり、判決言渡し日なり。……酷《ひど》く寒い日だ。死刑か……、まさかと思って居る。併《しか》し自分はもうチャンと準備が出来て居る。ドンナ事があろうとビクともするな。愛は永遠なり、愛は永遠なり」

揺れる心を必死に抑え、妻への愛にすがろうとする。結果は死刑判決。無期減刑からも除外された。判決から三日後の一月二一日、静枝に宛てて最後の手紙を書く。

「気を取り乱してくれるな。御身には大事な父上がある、小供がある……罪なきに刑せらるるが、御身よ恨むこと勿《なか》れ、咎《とが》むること勿れ。……面会に上京したしとの思の浮ばんも無益なり。却《かえっ》てお互の心情を乱すのみならん、上京は断じてあるべからず。……死体は貰えるかどうか分らぬ。貰えるなら骨にして送ろう。葬式はするに及ばぬ。針箱の引出しにでもしまっておけ」

松尾は罪なき己が殺される無念さを妻に伝え、落ち着けと諭し、会いたい一心を地の底に埋めこむように来るなと突きはなすのだった。松尾の妻や二人の子どもは事件後、郷里の熊本にいることもできず離散同様になり、静枝は大阪で三五歳の若さで客死する。

成石平四郎も妻のむめに逢いたい心を必死で抑え、「来るな」ときつく諭す。

「決して面会などにはきてはならん。これはかたく言っておく。もし会いに来ても僕は面会しません。このてがみを見たからとて、正体をうしなうことのなきようにす可し。人間は一度は死ぬのじゃほどに、あまりなげくことはいらぬ。僕は一足先へ行って極楽で蓮の花の半座《はんざ》をふみわけて待っているから、そのもとも此世では出来るだけよきことをして地獄へ踏み迷わぬように気をつける可し。とりあえず死刑になった事をしらします。南無阿弥陀仏[36]」

成石は懸命に宗教的境地からの死生観を妻と自身にも向けるのであった。この書簡が妻の許に届いたころには成石はすでに処刑されたあとだった。

「大逆事件」の取材で国家に殺されていった被害者の書簡類を読んでわたしは何度涙腺を熱くしたことか。いく度胸が煮え立ったことか。森近が判決二日後の一月二〇日、郷里の弟らに出した手紙の現物を、ほぼ一〇〇年後に甥から見せられたときは思わずハッとした。

「死刑！　全く意外な判決であった。之は皆様御承知であろう。嘸《さ》ぞ驚かれた事と思う。僕も言渡し当日は唯だ呆れ返って涙は一滴も出なかった。実に言渡しの時刻迄多分無罪と予期して、色々と将来の事を考えていた」

東京監獄の罫紙に「死刑！」と黒ぐろと太く書きつけた毛筆墨書された文字に森近のそこひなき無念と哀しみ、怒りが世紀を越えてわたしの胸に押し寄せてきた。判決三日後の二一日付の妻・繁子宛の書簡では、処刑後に社会から投げつけられるだろう「国賊」「非国民」など家族への指弾や迫害を思い遣って「胸の裂ける思いがする」と書く。末尾で一子、菊代には悲しいことばを置いている。

「お前のお父さんはもう帰らぬ。監獄で死ぬ事になった。其訳は大きくなったら知れる」[37]

感情を抑え、淡々と事実のみを伝える運平の娘への思い遣りが痛い。

森近は非常に冷静で、客観的で、とても聡明だった。死刑判決から四日後の一月二二日から、大阪や東京で森近の活動を支えつづけた繁子と小学校一年、七歳だった菊代に宛てて自身の歩んだ道を伝えるために自叙伝の筆を起こす。「回顧三十年」と題したそれは、運平の性格や死生観などが土に生きた農業者らしく足が大地にぴたっと着いた文体で書かれている。「はしがき」の一部を引く。[38]

「明治四十四年一月十八日午後二時、大審院特別刑事部に於て、前古未曽有の判決が言渡された。私も被告人の一員として、他二十三人と共に死刑の判決を受けたのである。

実際の処、私は多分無罪の判決を得る事と思うて居たのである。併し茲《ここ》に一言費やして置かねだ〔ば〕ならぬのは、自分が罪なしと思った事と裁判官が死に当ると断じた事は、一見妙に感ぜられるかも知らぬが、其実両者の立場が違うのであって、矛盾でもなく衝突でもない。並立し得べき二個の真実であると云うの一事である。而して其結果は裁判官の真実が被告の真実を圧倒する。茲に現時の国家組織の特色を発揮するのである。私は斯の如くして死なねばならぬ。近来少しく考えて居った事業があるので、今死ぬのは聊《いささ》か口惜しい。けれども致方がない。自然界の理法に従って活き、また之に従って死ぬ。生死も自然であれば、生を喜び死を厭《いと》うも亦《また》自然である。然り、私は自然法に支配せられて生死する」

罫紙四八枚綴じで毛筆墨書された「回顧三十年」はしかし、森近の学生時代の一コマを書いていた「私等が立ち聞きして居る時獣医」でぷっつり中断して、終わっている。看守に執行を告げられて、やむなく筆を擱《お》いたのだろう。その時刻は一月二四日午後一時過ぎだったと思われる。

森近が最後の心血を注いで書いた自叙伝は事実上の遺書となったが、東京監獄は家族に引き渡さず、繁子も菊代も存命中には読めなかった。自叙伝の存在が明らかになったのは一九五〇（昭和二五）年で、[39]繁子は判決から三年後の一九一四（大正三）年に寧日の日を迎えることもなく、涙に掻き暗《く》れて実家の弓削《ゆげ》宅で病死した。三二歳だった。菊代は父の死の訳を知ることもなく、一九二七（昭和二）年に一子を置いて二三歳で夭逝していた。

森近運平の妹・栄子《ひでこ》は一九六一年一月、無期に減刑されて最後まで生き抜いた坂本清馬（一八八五―一九七五）とともに兄の無罪を求めて再審請求を起こしたが、戦後の司法は扉を開けなかった。

一二人の死刑囚と田中の沈黙

一二人は判決からわずか六日後の一月二四日朝から二五日にかけて、東京監獄の刑場で次つぎに刑に処せられていった。死刑の執行は東京監獄の東北隅に新設された死刑場で行なわれたが、その詳細については東京監獄の典獄はもとより、官吏らは一切語らず、当時の新聞記者も取材に非常に苦心した。各紙の報道を総合すると、司法相から検事総長・松室致に死刑執行が命じられたのは、一月二三日午後一時であった。松室から連絡を受けた東京監獄典獄の木名瀬は翌二四日払暁《ふつぎょう》、午前四時半から典獄室で関係課長らと朝食を摂りながら執行の手はずを整えた。午前五時半、大審院から公判で論告した検事の板倉が立会いのために書記を連れてやって来た。さらに東京控訴院から別の検事と書記が補助として加わった。間もなく監獄医長と教務所長の田中一雄と教誨師の沼波政憲も立会いに加わった。これ以上くわしいことは、各紙によっていくらかの異同がある。

『東京朝日』の「我社の探聞するところによれば」——木名瀬、板倉ら六人と田中（一雄）、沼波（政憲）は新設された特別教誨所に着席して、まず最初に二階一六房の秋水を呼んだ。七時過ぎであった。「丸に橘の五紋の羽織を着し、袴を穿《うが》ちて手錠縄付の儘看守（菅野丈右ェ門）に警衛せられつつ静かにこの室に引き入れられたり。一同の視線は期せずして幸徳の一身に集まりしが、幸徳も此の森厳なる光景に接して流石《さすが》にそれと覚知しけむ。思わずサット顔は蒼ざめぬ。典獄厳かに申し渡すよう「司法大臣の命令により本日これより死刑を執行する」と。幸徳は僅かに肯《うなず》き、その儘看守に警衛せられて死刑執行場に導かれぬ。云々」と。

「教誨師も御経を唱えながら（深編笠をかぶせられた死刑囚に）ついて行きます」と菅野は語っており、田中も沼波も最後の瞬間まで立ち会っただろう。こうして寒中のこの日——一月二四日——は秋水から一一人の絞首刑が執行されていった。

それぞれの絶命時刻を記しておく。[40]

幸徳秋水　午前八時六分
新美卯一郎　午前八時五五分
奥宮健之　午前九時四二分
成石平四郎　午前一〇時三四分
内山愚童　午前一一時二三分
宮下太吉　午後零時一六分
森近運平　午後一時四五分
大石誠之助　午後二時二三分
新村忠雄　午後二時五〇分
松尾卯一太　午後三時二八分
古河力作　午後三時五八分

一一人目の古河の執行が終わった時には、冬のつんとした東京の空は陽は大きく傾き、夕闇が迫っていた。早朝から夕方まで一一人の処刑は、しんしんとした気配の漂うなかで八時間に及び、血塗られた異形な一日となった。終日かけて一挙に一一人もの凄惨な絞首刑の現場に立ち会った教誨師田中、沼波の二人には、いつまでも消し去ることのできない凄惨な光景だったろう。

たった一人の女性の須賀子の執行は翌二五日午前八時二八分である。一人も殺めず、傷もつけず、刑法第七三条の予備・陰謀に当たるのかどうかも不確かなまま一二人もの人びとがその思想ゆえに判決からわずか一週間後に、二日間で殺されてしまった。

判決からあっという間の死刑執行は、あまりに無法な裁判という海外からの批判が在外公館から伝えられ、それを押さえこむためだった。「大逆事件」は最後まで苛酷であった。

処刑された人たちだけが人生を国家によって断ち切られたのではなかった。無期徒刑になった一二人と有期刑の二人の一四人は秋田、千葉、長崎監獄に長く囚われ、獄死や自死などで一九四五年八月の敗戦後まで命を永らえたのは辛うじて五人にすぎなかった。その五人も次つぎに他界し、五〇年代後半に生き残ったのは坂本清馬ひとりだった。

『不如帰《ほととぎす》』などで知られた蘆花（徳冨健次郎）は処刑からほぼ一週間後の二月一日、第一高等学校の弁論部主催で開かれた講演のなかで政府を痛罵した。[41]

「死の判決で国民を嚇《おど》して、十二名の恩赦でちょっと機嫌を取って、余の十二名はほとんど不意打の死刑——否、死刑ではない、暗殺——暗殺である」

蘆花の講演をくわしく伝えた新聞はなかった。刑死者はこうした声や反応が社会に広まることを期待していただろうが、それは半世紀以上待たねばならなかった。

田中と沼波の二人の教誨師は「大逆事件」とその裁判が思想を圧殺するために国家が捏造《ねつぞう》した途方もない権力犯罪だったことに気づいていただろうか。沼波に比べれば長いキャリアと二〇〇人もの死刑囚に接してきた体験のある田中は、「大逆事件」の被告人の獄中での静かなる言動に何かを感じていただろうが、「大逆事件」で囚われた人びとについての手記はしごくあっさりしている。一般刑事事件の死刑囚には前章で見てきたように「死刑は不必要」などと感想を含めてかなり饒舌だったが、「大逆事件」の死刑囚には田中の口が急に重くなってほとんど無口になる。死刑制度への批判や異議などもまったくない。

田中は一二人の死刑囚について手記でどう綴っているか。少し時間を遡る。

最初に処刑された秋水については本籍地、身分、職業　姓名、生年、刑の執行時刻（絶命時刻）、刑名「死刑」、罪名「皇室に対する罪（大逆罪）」など収監者についての教誨原簿を書き写すだけである。秋水の身内については「父嘉平次死亡、母多治自殺――病死だが、当時そのように言われた――。妻千代離別、内縁の妻管野スガ（共犯にて連座、後に記せり）」、宗教は浄土宗と簡単である。秋水の「犯罪」については、大審院の判決理由が冒頭で述べた二六人全体にかかる部分をほぼ要約しているだけである。「大逆事件」がつくり上げられていく過程や裁判の内容を田中が独自には知り得なかったから、判決を引き写すほかなかったのであろう。

「刑の執行時の状況」については「附録市場学而郎氏手記に詳細に尽す」と注書きのように書かれているが、これは田中の手記にあったのではなく、書写した日本犯罪学会が付けた注である。『死刑囚の記録　下』の末尾にはたしかに「附録」として「市場学而郎述」があるが、これは田中の死後のことである。

秋水には外部との通信が許可された直後の一九一〇年一一月一一日に堺利彦に書き送った漢詩[42]がある。田中はそれを手記に引き写している。

昨是（非）皆在我　昨非みな我にあり
何怨楚囚身　なんぞ怨みん楚囚の身
才拙惟任命　才拙くしてこれ命に任ず
途窮未禱神　途窮まりて未だ神に禱らず
死生長夜夢　死生は長夜の夢
栄辱大虚塵　栄辱は大虚の塵
一笑幽窓底　一笑す幽総の底

乾坤入眼新　乾坤眼に入りて新たなり

秋水は獄中で七編の漢詩を詠んでいるが、田中がこの詩だけを手記に残したのは、優れた詩人でもあった秋水の昂然たる矜持と、謙虚さをにじませた死生観がよく表現されていて、文学的価値も高い作品だと受け止めたからだろう。田中は秋水の漢詩を筆写したあとに「遺骸は堺利彦に下付さる」と書き留めているが、執行前の秋水の言動などについては一言も記していない。秋水の絶筆「死刑の前」も読んでいるはずだが、それについての感想もない。

秋水につづいて執行されたのは熊本の新美卯一郎だった。秋水と同様に本籍、職業、名前、生年、死刑執行時刻、刑名、罪名、大審院での宣告日、家族、宗教、教育程度とつづき、「犯罪」については「幸徳傳次郎に同じ」と記し、死刑執行の状況は「前記幸徳秋水と共に後に記す」とあるが、手記にはそれもない。田中は死刑執行の状況をあとで追記するつもりだったと思われる。

三人目の刑死者の奥宮健之についても秋水や新美と同じように本籍、身分、職業、生年、執行時刻、刑名、罪名、宣告日、家族とつづけて「犯罪」の中身は「幸徳傳次郎に同じ」と記しているだけだ。宗教と教育程度については、日本犯罪学会の筆耕者が「原本に記載なし」「原本に記載しあらず」と注記している。執行時の状況は、やはり「幸徳秋水と共に後に記す」と田中は記している。

四人目の成石平四郎も新美、奥宮と同じスタイルで記述され、「犯罪」内容は「幸徳傳次郎に同じ」、刑の執行の状況についても「幸徳秋水と共に後に記すべし」。田中はやはりまとめて書き加えるつもりだったのだ。

執行の順ではこのあと内山愚童、宮下太吉だが、手記には二人の名前は記されていない。田中が書き落としたのか、あるいは教誨をしなかったのか、それとも日本犯罪学会の筆耕者が落としたのかは、今となっては確認できない。

成石のあとは森近運平である。記述スタイルは秋水、新美、奥宮、成石と同じだが、「宗教と教育」については「原本に記載なし」と筆耕者が注書きしている。「犯罪」の事情も「幸徳秋水に同じ」とあるだけだ。

六人目の大石誠之助についても同じスタイルで、「犯罪」の事情も「幸徳秋水と共に後に記すべし」と、判で押したようである。ただ「遺言」として「遺骸は麴町区紀尾井町諏訪方、実姉井手睦世に任せらる」とある。森近の「回顧三十年」などと同じく他の刑死者の何人かの遺言や遺書もあるが、田中は大石以外のそれらについては触れていない。

七人目が新村忠雄（手記には新林とあるが、田中の誤記か筆耕者のミスかは不明）で、大石らと同じく「幸徳傳次郎に同じ」とある。遺骸について「従兄永井直治、実姉柿沢とやの両名に下付」と一行書かれている。新村の実姉「柿沢とや」は「柳沢なを」の誤記だが、「親族」のところでは「姉なを」と正しく書かれてある。「大逆事件」以外の死刑囚についても手記には処刑期日、生年月日の誤記などの書き間違いがいくつかあり、ここも田中の誤記と思われる。

八人目の松尾卯一太についても記述スタイルは秋水らと同様だが、「遺骸は堺利彦に下付せらる」。ほかは「幸徳傳次郎に同じ」と、そっけない。

田中は世紀の大事件の死刑囚を前に教誨原簿のスタイルに則って事務的に埋めるだけで、一二人にどう向き合ったのかについてその様を語らず、教誨師としてのことばもない。まるで貝になってしまったかのようである。田中独自の眼で捉えている「備考」欄が「大逆事件」の死刑囚についてはまったくない。絞首台まで経を唱えて送っていっただけなのか。たとえば「稲妻強盗」に向き合った熱さは「大逆事件」の死刑囚についての手記からはまったく伝わってこない。「死刑すべからず」という田中の教誨体験から得た持論や宗教信念のことばもない。手記を急いで書いたようにも思える。書こうと思ったが書けなかったのか。「大逆事件」が政治的でっち上げでもそれを見抜ける立場にはいなかった田中は紛れもなく明治人で、同時代のほとんどの人びとに共通する明治天皇への敬愛は強かったろう。それゆえ押し黙ったように寡黙になったのだろうか。

死刑囚に対する教誨師の役割はまずは犯した罪を悔い改めさせることだが、「大逆事件」の死刑囚にはそれは無用だった。死刑囚になった一二人は表現活動などを厳しく弾圧する国家への批判はしても、他者を傷つける何らの行為もしていない。犯罪の意識はなく、悪びれることは何もなかった。思想の堅固さの強弱などの違いはあっても自由、平等、博愛を求め、そうした社会を目ざして社会主義や無政府主義を信じ、シンパシーを持ち、そのために国家への批判的な表現活動などをし、なかには天皇の存在に疑問を抱いた人もいた――それだけで刑法第七三条に問われ、死刑囚にされてしまった。それは一二人の死刑囚だけでなく二六人に共通していた。思想を問われて死刑に処せられようとしている死刑囚に対してはだから、人を殺めた死刑囚教誨とは根本的に異ならざるを得なかった。過ちを認め、反省へ導くよう諭し、また生き直せるように語りかけるなどといった教誨が「大逆事件」の死刑囚にはまったく意味をなさないことを、田中は十分に認識していただろう。

では、安心して死を受け容れさせる「安心就死」という役割はどうだったたろう。田中はむろん事件の捏造性や詳細な法的な問題を知らなかった。だが、ほかの事件の死刑囚と違って、「大逆事件」の死刑囚はだれ一人として人を殺めていない。にもかかわらず、その思想によって、刑法第七三条があるために死刑に処せられるという、圧倒的な不条理の前に、田中は黙然とせざるを得なかったのではないか。そうであれば、「安心就死」という教誨は一二人の生への冒瀆とさえ思ったかもしれない。

教誨師田中にできることは書籍を提供することぐらいだったろう。それとても一二人には控えめにならざるを得なかった。そこに教誨師田中の屈折した苦悩があったのではないか。だから「大逆事件」の死刑囚について田中は教誨のレベルを超えて種々語りたいことがたくさんあっても「沈黙」せざるを得なかった――。

これはわたしの推測だったが、九人目の古河力作のところで田中の書いていた一文に接してわたしは、やはりそうかと思った。「以上幸徳傳次郎以下十（九）名に対する死刑執行は大審院検事矢野茂と東京控訴院検事川副安一の両名立会す」と述べたあと手記はこうつづいていた。「大石、松尾、奥宮等に就いて記したき事多くあるも、事秘密に属するを以て書くことを得ず。以て遺憾とす」

わたしは粛然とせざるを得なかった。「大逆事件」の死刑囚について田中は「記したき事多くあるも」、「事秘密に属する」から「書くことを得ず」、つまり刑法第七三条事件であるがゆえに口にチャックをしなければならない、とつぶやいているではないか。そこに田中の何とも口惜しくて残念でならないという思いがにじんでいる。田中は何を言いたかったのだろうか。秋水らをとんでもない「国賊」と批判したかったのか。それならあえて「沈黙」する必要はなかった。

田中の「沈黙」には通常の死刑囚教誨すらできない事件の性格に起因する、より根源的な疑問が孕まれていたのではないか。刑法第七三条のような法がなければ、「大逆事件」も、そしてそれゆえの死刑囚も存在しなかった。このような不条理な法を不可欠とする国家とは？ 田中の「沈黙」は、苦悩とともに「大逆事件」を生んだ国家への疑いが生じていたから——。それは深読みし過ぎだとしても、「記したき事多くあるも、事秘密に属するを以て書くことを得ず。以て遺憾とす」をわたしにそう読みたい衝動に駆られる。

「記したき事多くある」と言いながら田中は結局、「大逆事件」とその死刑囚については最後まで一言も書かなかった。手記が明らかになる経緯や時期などからすれば、事件後に追記できたのではないかと考えられなくもないが、それは明治人の田中にとってやはり難しかったろう。「沈黙」を貫いたのは田中のぎりぎりの抵抗だったのかもしれない。

田中の前史に光当てた須賀子

田中が手記で取り上げている一〇人目が須賀子で、他の九人と同じように事務的なスタイルの記述だが、末尾で短い須賀子評を記しているのが目に留まった。「性質怜悧にして剛腹なり」。この一一文字からは、田中が須賀子の獄中での言動や立ち居振る舞いによってその明晰さと並外れた度胸に圧倒された波動が伝わってくる。

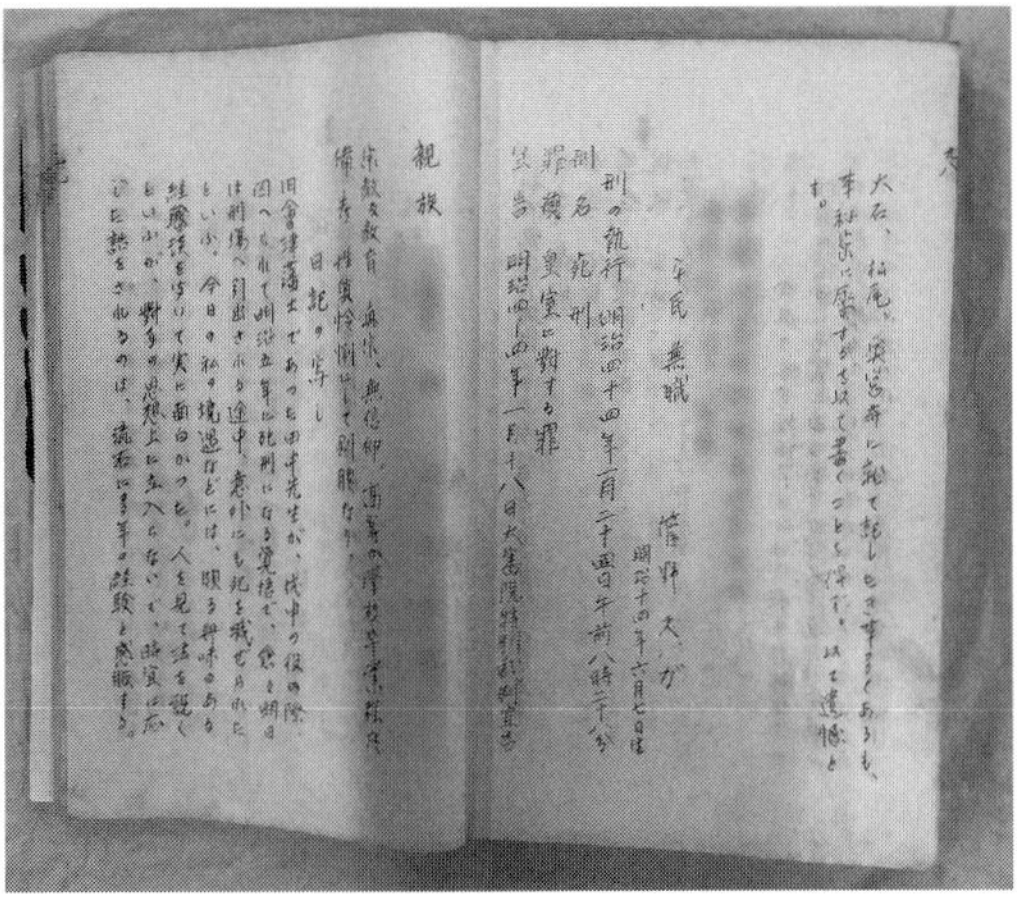

手記のなかで田中が管野須賀子（管野スガ）について記した箇所（法政大学ボアソナード記念現代法研究所所蔵）

田中はこれにつづけて「日記の写し」と小見出しを付して須賀子の獄中日記から、ある部分を転記していた。

須賀子は一月一八日に死刑を宣告されたその日から「死出の道艸」[43]と題して獄中日記を誌しはじめる。堺利彦に宛てた一月四日付の書簡には「元日から獄中日記の様な一種の感想録を書きはじめました」とあるから、一八日以前から日記を書いていたと思われるが、現在のところは一八日からの「死出の道艸」しか発見されていない。

「死出の道艸」の題辞にはこうある。「死刑の宣告を受けし今日より絞首台に上るまでの己を飾らず偽らず自ら欺かず極めて率直に記し置かんとするものこれ」。法廷でも獄中でも須賀子は秋水とは異なった意味で一貫して「飾らず、偽らず、欺かず」の姿勢で自己に正直で、昂然と自らの思想を語ったと伝えられている。「死出の道艸」も須賀子の胸を張った態度が文体に出ているが、文学的で、真に迫る力強さがあり、かつリアリティがあり、優しささえにじませ、読む者をして「大逆事件」の獄中「現場」と須賀子の周辺の人びととの交流の世界へ導いてくれる。

国家が送りつけた死刑に「驚いた無法な裁判だ！」と憤激した須賀子だが、自身の死刑に対してはたじろがなかった。須賀子を苦しめたのはただ一つであった。己の思想が他の被告を道連れにしてしまったのではないかという思いで、だから何とか一人でも助からないかと思い遣るのだった。

「死出の道艸」には他の死刑囚の獄中記にはない二人の教誨師のことが記されており、それだけでも貴重である。判決翌日の一月一九日の日記に、法廷で着ていた橘の五つ紋の羽二重の羽織を「堺の眞ア坊へ」（堺利彦の一人娘の眞柄《まがら》。後年、日本で最初の女性社会主義者の団体「赤瀾会」のリーダーとなる）と宅下げ品のことなどを記したあとにこうつづけている。

「夕方沼波（政憲）教誨師が見える。相被告の峯尾（節堂）が死刑の宣告を受けて初めて他力の信仰（峯尾は臨済宗）の有難味がわかったと言っていささかも不安の様が見えぬのに感心したという話がある。そして私にも宗教上の慰安を得よと勧められる。私はこの上安心の仕様はありませんと答える。絶対に権威を認めない無政府主義者が、死と当面したからと言って、にわかに弥陀という一つの権威に縋《すが》って、初めて安心を得るというのはいささか滑稽に感じられる。

然し宗教家として教誨師として、私は沼波さんの言葉は尤《もつと》もだと思う。が、私には又私だけの覚悟があり慰安がある」

須賀子の日記から真宗大谷派僧侶の沼波がどのような教誨をしたのかが垣間見える。沼波は「安心就死」を目ざした宗教教誨をしていたようで、田中のような苦悶した形跡は見えない。沼波の宗教教誨に対する須賀子の対応は断固とした思想を語って鮮やかである。同じ一九日の夜に田中が須賀子の独房を訪れた。

「夜に入って田中教務所長が見える」。この書き方は、田中が須賀子の房を訪れたのが初めてではないことを語っているが、須賀子は田中の名を「死出の道艸」で初めて書き留めている。死刑判決を受けた男性死刑囚の様子を知らない、女監に収監されている須賀子は、何よりも死刑判決後の相被告の男たちのことを気にかけていた。

「相被告が存外落ちついて居るという話を聞いて嬉しく思う」。つづけて須賀子は「この人は沼波さんの様な事は勧めないで」といったん書いて抹消している。沼波が安心を得るように真宗を勧めたことを暗に批判したのだが、教務所長で本願寺派ではあったが同じ真宗の僧侶の田中の立場を考慮したのかもしれない。このあと須賀子は、田中が「ある死刑囚が立派な往生を遂げた話などをせられた」と書き留めている。田中としてはぎりぎりの話だったのだろうが、具体的なことについて須賀子は記さず、処刑後のことについて田中にある相談をしている。

「私は予《かね》ての希望の寝棺を造って貰う事と、所謂《いわゆる》忠君愛国家の為に死骸を掘り返されて八つ裂きにでもせられる場合に、あまり見苦しくない様にして居たいと思うので、死装束などについて相談をした」

須賀子にとって田中はこんな話のできる教誨師だったようだ。須賀子はその二日後の二一日に堺利彦、大杉栄・堀保子夫妻（このころ、大杉はまだ伊藤野枝には出会っていない）らと面会時に立ち会った典獄の木名瀬にも同じ要望を伝えている。処刑後の彼女は夭折した妹・秀子が埋葬されていた真宗大谷派の正春寺（現・渋谷区代々木）に土葬された。

この夜、田中は帰り際に小冊子『よろこびのあと』を置いていった。これは、田中と同じ真宗本願寺派の学僧、菅瀬芳英の妻で、若くして亡くなった忠子の日誌である。同書は芳英が創設した真宗を学ぶための学生寮「同和学園」の園母だった忠子の日常生活と仏教への思いを綴った書で、一九〇九（明治四二）年に出版されその後も版を重ねていた。[44] 無政府主義者で宗教的権威も一切否定していた須賀子（二二歳で大阪の天満教会で受洗した元クリスチャンだった）が、『よろこびのあと』を披《ひら》いた形跡はない。田中も、須賀子が無政府主義の堅固な思想の持ち主であることは知っていただろうが、あえて置いていったのはそれぐらいしかできなかったからだろう。この日の夕方、田中より前に訪れた沼波は親鸞の語録『歎異抄』などの冊子を須賀子に渡していった、と「死出の道艸」にある。ここにも須賀子に対する田中と沼波の姿勢の違いが見える。

それから二日後の一月二一日に教誨に来た沼波と須賀子はこんなやりとりをした（主旨を変えずにごく一部だけ表現を改めた）。

「何《ど》うですか……」

「相変わらずでございます」

須賀子の答えに沼波は一九日に彼女から言われたことが残っていたからか、こう語りかけた。

「アナタは主義という一つの信念の上に立って居るから其の安心が出来るのでしょう。事件に対する厚薄に依って、多少残念に思う人もあろうが、アナタなどは初めから終わりまでずっと事にたずさわって居たのだから相当の覚悟があるのでしょう」

沼波ももちろん事件の真相を知らないのだが、須賀子にはなまじっかの慰安よりずっと良かったようだ。

「宗教上の安心をすすめられるより嬉しかった」

と感想を書き、「今回の事件は無政府主義者の陰謀というよりも、寧《むし》ろ検事の手によって作られた陰謀というほうが適当である」云々と核心を突く文章を記す。これを沼波に語ったのかどうかは須賀子の表現ではわかりにくいが、文脈からするとこの部分は須賀子の独り言のようだ。

一月二三日、須賀子は教誨に訪れた田中から嬉しい話を伝えられる。

「田中教務所長から相被告の死刑囚が半数以上助けられたという話を聞く」

須賀子は判決の翌一九日夜に一二人が無期に減刑されたことを知らされていなかった。四日後に田中から事実を伝えられた須賀子は「あの無法な判決だもの、その位のことは当然だと思う、何にしてもまあ嬉しい事である」と素直に喜ぶ。そしてこうつづける。「たとい無理でも無法でも兎に角一たん死刑の宣告を受けた人が、意外に助けられた嬉しさは如何ほどで有ったろう」。

欣喜した須賀子だが、減刑の狙いもしっかと見抜いていた。

「一たんひどい宣告をしておいて、特に陛下の思召しによってと言うような勿体ぶった減刑をする――国民に対し外国に対し、恩威並び見せるという、抜目のないやり方ハ、感心と言おうか狡猾《こうかつ》と言おうか」

後世のわたしたちは先述したような史料から、最初からでき上がっていた死刑判決―減刑のストーリーを知ったのだが、須賀子は瞬時に国家の企みを鷲づかみにした。長く権力と闘ってきた須賀子のこの鋭い指摘を田中はどう聞いただろう。「死出の道艸」の文脈からすると、田中は一二人の減刑の事実を伝えただけではなかったようなので、須賀子の核心を射抜く評を聞いたと思われる。田中が須賀子のことを「怜悧」と記しているのも、断片的ではあってもこうした国家観、権力観のことばを聞いてきたからであろう。

この日―一月二三日―の日記には田中の名前が四回も記されてある。わたしは須賀子の「死出の道艸」は何度も読んできたが、それは須賀子に即した読み方で、教誨師田中についての記憶はおぼろであった。

この日の田中と須賀子の対話はふだんより長かったようだ。日記の終わりに近いところで須賀子は印象的な話を記す。

「或る人が、会津藩士であった田中さんが囚えられて明治五年に死刑の宣告を受け、いよいよ刑場へ引出される途中で意外にも助けられたという。今日の私の境遇などには頗る興味のある履歴談を聞いて面白かった。

人見て法を説くというのか、対手《たいしゅ》（相手）の思想上に立ち入らないで、時宜に応じた話をされるのは、流石に多年の経験と感服する」

主述の関係がややわかりにくく、須賀子が「或る人」から聞いた田中の「履歴」なのか、田中自身の語りなのか判然としないが、謎の多い田中の前史にかかわるきわめて重要なところである。田中が会津藩士だった、囚えられて死刑の宣告を受けたが幸い処刑を免れたという語りを、須賀子は「頗る興味のある履歴談」と書いているが、たしかにこのわずかな履歴の断片は希少な手記を残した田中を知る上で重要なカギになる。この履歴が田中の語りなのか、「或る人」のそれかは別にして須賀子が「頗る興味」を抱いたのは、執行寸前に助かるかもしれないという部分にではなく、死刑に処せられるような田中の体験にあったにちがいない。

須賀子の「死出の道艸」の田中に関する部分はここで終わっている。

田中の手記は「大逆事件」の死刑囚については寡黙だったが、須賀子のところでのみわざわざ「日記の写し」と小見出しを付して「死出の道艸」から自己について須賀子が触れている部分を引用している。須賀子の日記にある「或る人が」から「感服する」までを田中は手記にこう引き写している。

「旧会津藩士であった田中先生が、戊申の役（戊辰戦争）の際に、囚えられて明治五年に死刑になる覚悟で、愈々《いよいよ》明日は刑場へ引出される途中、意外にも死を減ぜられたという。今日の私の境遇などには、頗る興味のある経験談を聞いて実に面白かった。人を見て法を説くというが、対手の思想上に立入らないで、時宜に応じた話をされるのは、流石に多年の経験と感服する。或る人の如く、弥陀の権能を喋々されるといや気になるが、先生の噺は知らず識らず弱点の根底を衝いて来るからいつも聞くことを歓迎している。云々」

「死出の道艸」と田中の手記の「日記の写し」を読み比べると、池田浩士氏が『故田中一雄手記　死刑囚の記録』を読む」で指摘しているように、きわめて重要な加筆補正がなされていることがわかった。

「日記の写し」では、「死出の道艸」の冒頭の「或る人」が、「田中先生」に改められ、語り手としての田中がはっきり自己の体験の話者になっていてわかりやすく書き換えられている。しかも「さん」ではなく、須賀子なら決して言わないだろう「先生」と書き直し、田中のプライドの高さといくぶんの権威主義的な臭いがする。田中はさらに「囚えられて」の前に「戊申の役の際に」と七文字を挿入して、どういうわけで捕まったのかがわかるように加筆している。ここも田中の前史を知る上で重要な加筆である。田中の補正はまだある。「死出の道艸」では田中は死刑を「宣告」されたことになっているが、「宣告」ではなく、「覚悟」と直している。これも小さくない訂正である。

田中の加筆補正は事実関係だけでなく、須賀子の日記にある感想にまで及ぶ。須賀子は田中の体験に「面白かった」と記し、田中の対応や姿勢に流石に経験豊かで、時宜にかなった話をすると敬服しているところで終わっているが、田中の「日記の写し」には、「死出の道艸」にない新たな一文が加えられている。

「或る人の如く、弥陀の権能を喋々されるといや気になるが、先生の噺は知らず識らず弱点の根底を衝いて来るからいつも聞くことを歓迎している」。たしかに須賀子は「安心就死」ではない田中の教誨に納得していた。また経験豊かなキャリアと二九歳の須賀子から見ればおそらく父親のような年配の田中に深い敬意を抱いていたと思われる。そのことを田中は手記を読むかもしれない後世の人に伝えたかったのではないか。最後に田中は「日記の写し」としながらも、これも「死出の道艸」には書かれていない須賀子の辞世を紹介している。

「残し行く我が二十とせの玉の緒を　百とせのちの君にささげむ　須賀子

田中大人へ」

須賀子は獄中で多くの歌を詠み、堺為子（利彦の妻）らに送っている。だが辞世は田中の手記で初めて明らかになった。須賀子の研究家の故清水卯之助は、なぜか田中の名は伏せて「教誨師の一人に請われて辞世の歌を与えている」と書き、若くしてアメリカへ行ったまま別れた弟正雄に捧げた辞世だと推測している。[45]

田中は須賀子の日記を引き写したと書いているが、そのまま転記したのではなく相当の加筆補正をほどこしていたのである。じっさいは手記のように話したのに須賀子が正確に書いていなかったから、加筆補正をほどこしたとも考えられるが、獄中記などを発見した神崎清は「死出の道艸」の原文に須賀子による抹消箇所も丁寧に再現して紹介しているので、田中が手記で加筆補正をしたと判断していいだろう。

じつは田中の手記と「死出の道艸」の関係については謎がある。「死出の道艸」は獄中から流出した秋水や運平ら他の刑死者の獄中記などとともに雑誌『真相』を出していた人民社社長・佐和慶太郎から神崎が提供されたのだが、それは一九四七年七月である。むろん田中はとうに亡い。和罫紙六一枚に毛筆で書かれた「死出の道艸」の表紙には当時の典獄だった木名瀬礼助の検印があり、「堺（利彦）へ下付願」と鉛筆書きされていたが、宅下げされず堺の手には渡らなかった。[46] 宅下げされるべき「死出の道艸」を田中は須賀子の刑死後に読み、書き写し、加筆補正をほどこし手記に収めた。それを田中が行なった時期や経緯は不明だが、宅下げされるべき他の秋水や森近運平、また大石誠之助や成石平四郎らの獄中記ではなく、「死出の道艸」だけを引き写し、加筆補正をしたのは、自身の前史などにかかわるところが書かれており、それを正確に伝えたかったからだろう。田中は須賀子に出会って自己の前史を思わず引き出されたのかもしれない。

田中は須賀子の処刑に立ち会っただろうか。手記の末尾に「刑の執行は大審院判検事　中川一介立会いす」と記されているだけである。田中は執行の場に立ち会った他の「大逆事件」の死刑囚についても何一つ書き残していないが、一緒に立ち会った沼波が後年、刑死者の処刑寸前の様子を語っており、そのなかには須賀子も含まれているので、田中も須賀子を見送っただろう。

自説を手ばなさず

『故田中一雄手記　死刑囚の記録　下』には付録として「幸徳傳次郎一派の　死刑執行当時の状況　市場学而郎述」（「市場報告」）が添付されてある。これは田中が書いたのではなく、日本犯罪学会が付した記録である。市場が「大逆事件」の死刑囚の処刑後に沼波政憲を訪ねて刑死者の執行寸前の様子を強引に聞き出し、会員だった日本犯罪学会の一九二四（大正一三）年度の例会の席上で報告したのである。それを日本犯罪学会は田中の手記を冊子にする際に付けたのだった。おそらく田中の手記に「大逆事件」の刑死者の執行時の様子がまったく記されていなかったからだろう。

市場学而郎は東京市養育院につとめるかたわら、長く吉原、千束町、本所深川などで公娼・私娼らの取材を重ね、『売笑婦』（一九一二年）として著した市井の社会学者だった。

「市場報告」には、市場が沼波から聞き出した秋水、大石、内山愚童、宮下太吉、新美卯一郎、奥宮健之、新村忠雄、古河力作、須賀子の九人について刑死寸前の様子が記されているが、森近運平、松尾卯一太、成石平四郎の三人には触れられていない。日本犯罪学会の機関誌掲載の報告要旨では一人少なく八人で、他の四人は略したと述べているので[47]、沼波は全刑死者一二人について語っていたのだろう。手記に添付する際に市場は改めて書き起こしたと思われるが、それでも森近、松尾、成石の三人がなぜか欠落している。「市場報告」によると、市場は沼波から聞き出した経緯をこう語っている。

「私がこの話を聞き出したのは、確かその年の九月頃であったと記憶する。当時、刑の執行に立ち会われた故教誨師沼波政憲氏が、死刑執行当時の惨憺たる光景に痛く頭脳を刺激せられ、子々孫々に至るまで、決して監獄の教誨師たるべきものに非ずと、直ちに職を辞したと聞き〔中略〕、私は幸徳一派が死刑当時の状況について話されたいと、氏（沼波）に強請《ごうせい》した。氏ははじめの間は容易に話されそうにもなかったが、余りに私が熱心に迫ったので、それに動かされてか、ようやくにその一端をもらされた。しかしこれは絶対に秘密を厳守せねばならぬから、断じて他に洩らしてくれるなとの条件付きであった」

市場はこう記述しているが、辻褄の合わないところがある。「その年の九月頃」は、一二人が処刑された一九一一年のことだとすれば、沼波はまだ東京監獄の現職の教誨師である。沼波の退職は「大逆事件」の二年近くあとで、直ちに職を辞したわけではない。しかも沼波が亡くなったのは一九五五（昭和三〇）年一二月である。市場が学会で報告した一九二四年でも沼波は存命で社会事業活動をしていたのである。それでも「市場報告」は、「大逆事件」刑死者の知られざる最後の姿を伝えているので、少し読んでみる。ただ「市場報告」は、あくまでも市場が沼波から聴取した伝聞の語りであることは心に留めておきたい。

幸徳傳次郎　死刑執行の二、三日前のことであった。彼は沼波師に対して「私が死刑の執行を受けるのは、事件の成り行き上已むを得ない所であるが、唯気の毒に堪えないのは、私と共に死刑の宣告を受けた人々である。彼等の中には親のあるものもあり、妻子のあるものもある。今更何と言うた所で致し方がない。同じ舟に乗り合わせて、海上難風に遭い共々海底の藻屑となると諦めて貰うより外はない云々」。

彼の監房より引出されて、死刑執行の旨を告げられるや、典獄に向かって「原稿の書きかけが官房内に散乱しているから、一度監房へ戻して頂きたい。そうすれば原稿を整理して来るから」と願ったが、許されなかった。尤も彼はその朝まで筆を執って原稿を書いていたのである。彼一たび絞首台に上るや、自若として挙止些《いささ》かも取乱したる容子は見えなかったが、或いは強いて平気を装うたのではなかったろうかと疑われもした。

大石誠之助　これも同じく死刑の二、三日前であった。沼波氏が彼を独房に訪れると、彼は氏に対して次のようなことを言った。「世間にはよく冗談から駒が出るという諺があるが、今回の事件の如きは正にその好適例だと思う」と冷ややかな笑いを漏らしたそうである。死刑の当日呼び出されて、典獄の前に立った時、彼は「私は永らく獄中にあって絶えて喫煙をしたことがない。願わくば巻煙草を一本喫して、せめてこの世の暇乞いをしたい」というので、沼波氏は敷島を一本与えると、彼は欣然として半ば喫《す》い尽くしてのちに言うには「暫らく吸わずにいて喫いますと、どうも頭がグラついて来ます。これでは絞首台に上っても気持ちよく往生が出来ますまい」とそのまま煙草を捨てた。而して彼愈々絞首台に上るや、実に従容自若たるものであった。

内山愚童　刑の執行を宣告せられた時、沼波氏は彼に向かって「貴方は元僧侶の方であったのだから、せめて臨終の際だけでも念珠を手にかけられてはどうですか」と言うと、彼は暫くの間黙然として考えていたが、唯一語「よしましょう」と答えた。そこで氏は「それはまた何故ですか」と反問すると、彼は「たとい念珠をかけて見た所で、どうせ浮かばれはしないのです」と笑って答えた。

宮下太吉　彼が絞首台に上るや否や、無政府党万歳を叫ばんとして、まさに「無政府党万……」まで叫んだところ、執行の看守は周章狼狽して直ちに機車（刑囚の立てる踏板を外し転ずるもの）を転じて、辛くも絞首台下の屍たらしめた。

新美卯一郎　彼は熊本新聞の記者であったので、獄中に在っても好んで文学書を耽読した。一月一八日死刑の宣告を受けると、切に辞世の句を読まんと苦心をした容子であった。刑執行の二、三日前、沼波氏がその独房を訪ねると、彼は喜んで左の一句を示した。

死ぬる身を弥陀にまかせて雪見かな

而して刑に臨むや、「死ぬる」を「消ゆる」（と）訂正し、即ち

消ゆる身を弥陀にまかせて雪見かな

と。従容として死に就いた。

これは恐らく、革命家としての最期を飾り、また後代にそれを伝えたかったからであろう。

奥宮健之　刑執行の前日であった。沼波氏は偶然彼をその独房に訪れると、彼は氏に対《むか》って「どうも世の中には不可解な事があり勝ちのものです。ですが私が死刑の宣告を受けるとは、私自身としてはちょっと妙な感に打たれます」云々。当時世間では奥宮だけは政府の間諜だと噂されていただけ、この一語は全く一つの不可解な謎として見るより他はないように思われると、沼波氏は語られた。

けれども一たび絞首台に立った彼は、従容自若些かも後事を顧念する態は見えず、寧ろ幸徳以上の落ちつき振りを見せた。

新村忠雄　彼、死刑の宣告を受くや、思わず恐怖に襲われたる如き態度であったが、同時に軽度の脳貧血を起こし、まさに倒れんとしたのを、教誨師は後ろからこれを抱き止めて支えたが、直ぐに回復して落ちついて刑の執行を受けた。

古河力作　彼の刑執行は十一人目で、即ち当日の最後の受刑者であった。午前八時、幸徳

傳次郎を最初に絞首台に立たせてから、刑の執行を迅速に進行させたのであったが、古河力作の執行は、既に午後四時に近かった。日の短い季節であった為め、最早夕食の刻限であったので、彼に刑執行を言い渡すと、彼は平然として戒護の看守に対し「未だ夕食を頂戴しませんでしたね」と言った。

そこで沼波氏も彼に対し「今日はお前もうすうす知っての通り、非常に忙しかったので、つい夕食の事まではきがつかなかった」と言うと、彼は「ドウも腹が減っては元気よく死ぬことも出来ますまい。どうぞ阿弥陀様に供えてあるお菓子でもいただきましょう」というので、氏は簡単に読経を済まして、番茶と羊羹とを与えると、彼は如何にも美味しそうに、二本の羊羹と蜜柑一つとを平らげて「もう腹も充分ですからスグ出かけようではありませんか」と言いつつ自ら腰掛を離れた。その態度の平然たるは、剛腹と評すべきか沈着と言うべきか、はたまた無神経と称すべきか、恰《あたか》も刑場に臨むを、散歩にでも出かける時の如き感があった。とにかく、彼の如き者はこれまでの刑死者中未だ嘗《かつ》て見たことがないと氏は言っていた。

管野スガ子　翌二十五日午前八時、スガ子刑に臨むや顔色平日に全く異ならず、寧ろ快然とし微笑を湛え、自若として死に就いた。

蓋《けだ》し彼女の心状を忖度するに、後世若《も》し日本革命家列伝を編するものあらば、自らは日本における婦人革命家として正に筆頭第一に叙せらるべきを確信し、之を唯一の誇りと窃《ひそか》に感じていたのではあるまいか。

「市場報告」を読んで、沼波と一緒に執行の場面に立ち会ったはずの田中がその寸前の状況だけでなく、「大逆事件」刑死者の生と死について手記には何も書かずに「沈黙」したことの意味を改めて思う。語りたいができないと呻《うめ》くように書いていたのは見たとおりである。それだけに「市場報告」は伝聞とはいえかなり重要だが、「大逆事件」死刑囚の教誨に苦悩していただろう田中がもし口を開いたとしても沼波と異なった観点で語っただろう。むろん田中は市場に強請されてもおそらく語らなかっただろうが。

囚われた二六人は無実であり理不尽な死を押しつけられたことを承知していながら国家への怒りの声は獄中からはほとんど聞かれず、静謐に近いほど静かだった。不当だからと獄則に逆らい、脱獄を企てる人たちもいなかった。だが捏造事件を追認した無法な判決への底の抜けたような怒りと天を仰ぎ見るような無念さは、検閲されながらも家族や友人らに宛てた獄中からの書簡のはしばしで語られ、行間からもうかがえる。新美卯一郎は妻宛の書簡で不当な死刑に切岸《きりぎし》に立たされ、悶え、苦しんだ。須賀子は「死出の道艸」で「驚いた無法な裁判だ！」と、独房で怒りをぶちまけた。だから「市場報告」にあるように「大逆事件」の刑死者の多くが「従容自若として」絞首台に上ったように語られているのがひっかかる。仮にそうだとしてもそれは、思想の抹殺のために国家の行なった無法なやり方を認めたからではない。一二人の死をともすれば美化しかねない「従容自若」の強調は、殺されていった刑死者の無念の思いを瞞下してしまう働きさえ持つのだから。

森近運平は死刑判決を受けた三日後の一月二一日、妻に宛てたの書簡で「アア胸の裂ける思いがする」と悲鳴を上げ、「真相は後世の歴史家が判断するだろう」と綴るようにつづけている。森近運平の絞り出すような思いを刻んだ書簡は、死を強いた国家にしっぺ返しをするには、後世の人びとに期待するしかないという思いがあったからだろう。だが森近もまた他の死刑囚と同じように静かだった。森近の後世への「期待」は二六人全員の「静けさ」と響き合い、それは田中の苦しげな「沈黙」と通底しているようにわたしには思えるのだ。

そこで田中が約二〇〇人の死刑囚を教誨した現場の体験にもとづく手記の冒頭に戻らねばならない。

田中は「死刑須らく廃すべし　否廃すべからず」と述べて、いくつかの条件をつけて結局、

「死刑須らく廃すべし」の結論へ持っていった。では明治国家の基本的性格にかかわる「大逆事件」、一人も殺傷しなかった二四人が思想ゆえに死刑判決を受けた刑法第七三条事件について田中はどう考えていたのか。

「日本の国体より言わば刑法第七十三条の如き法律あれば、死刑を全廃すべきに非ざるべし」

死刑は「須らく廃止」を主張した田中も、明治国家を貫く国体を前提にした刑法第七三条がある限り、死刑全廃は困難だと言い切る。人を殺めずとも、天皇制国家を否定する地点に行き着くような思想を持ち、あるいは近づき、あるいは共感すればこの国では死刑になる、これはやむを得ない、これだけは別だと言いたかったのだろうか。田中が「大逆事件」の死刑囚に「沈黙」したのはそのためだったのだろうか。

田中は、「大逆事件」の連累者には悔い改めるような教誨は無理だと認識し、「生き直し」や「新しい生」を語ることさえ不可能で、教誨を事実上放棄せざるを得なかった。国家に追従してかれらを批判する立場からの教誨はできたが、語りたくても語れないと口惜しさを滲ませた田中の思いはそうではなかった。一人ひとりの生と死を己と同等に考えていたと思われる田中は、教誨師として刑法第七三条がどれほど理不尽、不条理な法であるかに苦しんだ。「記したき事多くあるも、事秘密に属するを以て書くことを得ず。以て遺憾とす」の一行は田中の苦悩のクライマックスだった。苦悩それ自体が田中の意識せざる「抵抗」でもあったのではないか。

田中は刑法第七三条の存在を前提に「死刑を全廃すべきに非ざるべし」のすぐあとに、それをぐいと押し返すように現場体験にもとづいた持論を再びくり返している。

「而し遁走の憂いなきもの、監獄の規律に従順なるものに付いては更に殺すの必要を認めず」と。これはすでに田中が「緒言」の冒頭で言い切った結論と同じだが、「日本の国体より言わば刑法第七十三条の如き法律あれば、死刑を全廃すべきに非ざるべし」のすぐあとに譲れぬ自説をつづけているのである。「大逆事件」に連座させられた死刑囚は冤枉《えんおう》を着せられたにもかかわらず、見てきたとおり獄中の言動はきわめて静かであった。怒りを深く刻みながら読書をし、聖書を耽読し、家族や友人に手紙を書き、著述にさえ励んだ（秋水は獄中で『基督抹殺論』を書いている）。「大逆事件」の取材をつづけてきたわたしは、この静けさを訝しく思いつつ不思議な感動を覚えたほどだった。リアルタイムで現場にいた田中はそのことをよく知っていた。天皇制国家においては天皇等危害罪があるのは当然で、死刑は廃止できないと認めつつ、すぐに持論の「遁走の憂いなきもの、監獄の規律に従順なるものに付いては更に殺すの必要を認めず」をつづけているのは、「大逆事件」の刑死者、「被害者」をも救い出そうとしたのではないか。田中は具体的な死刑囚に寄り添い、伴走してこの国の死刑制度を否定しただけでなく、

「大逆事件」に出会って明治国家の本質を見たのではないか。これはだが、田中へのわたしの期待値の高い読みかもしれない。田中はもっと揺れていたかもしれないから。

田中の貴重な手記に注目した東北大学研究員で思想史家の繁田真爾《しげたしんじ》氏は、浩瀚な研究書『「悪」と統治の日本近代――道徳・宗教・監獄教誨』のなかで田中一雄を手記とともに取り上げ、当時の教誨師に求められていた国民教育（教育勅語中心）による教誨に与《くみ》しない異端の教誨師だったと評価している。[48] 同書から多くの教示を受けたわたしは、繁田氏に「死刑須らく廃すべし」と主張しながら、刑法第七三条がある限り死刑は全廃できないという田中の語りは、田中の揺れなのだろうかと尋ねた。

「（田中の言説は）近代日本の監獄教誨史、そして死刑制度の問題を考えるために、かなり重要なポイントになる部分だと思います。一方で、思想史研究の立場からみれば、「日本の国体より言わば刑法第七十三条の如き法律あれば、死刑を全廃すべきに非ざるべし」という一文は、当時ではごくありふれた定型的な表現であり、自分の説は国体に反するものではないという、いわば建前的な言辞のようにも考えられます。そうだとすれば、田中の力点は、そのすぐあとに続く「遁走の憂いなきもの、監獄の規律に従順なるものに付いては更に殺すの必要を認めず」にあったはずで、田中の理想は、やはり（色情にとらわれた人間をも肯定する）死刑の廃止にあったと思います」[49]

思想史研究の立場からわたしの期待はやんわりといなされたようだが、田中の言説は当時の時代的な建前でくるんだ、いわば韜晦《とうかい》だったとすれば揺れではなく、田中は自説である死刑廃止の本音を手ばなしてはいなかった――。

田中は「大逆事件」のあと一九一一（明治四四）年四月から六月にかけて一般刑事事件の七人の死刑囚について手記に記録しているが、名前、生年、刑の執行時刻、犯罪事情などに触れているだけである。しばしば「備考」欄で記していた教誨の様子や死刑囚への感想はなく、それまで殺人などを犯した死刑囚の生と死に向き合ってくり返してきた、生き直す可能性を奪う死刑は不必要などのことばは一言もない。「大逆事件」後の死刑囚について田中は慌てて、あるいは急《せ》くように書き流した感さえある。「大逆事件」死刑囚に対する「沈黙」とは異なったこの無言は何だろう。まるで書く気力を喪失し、放心してしまったかのようでさえある。それは「大逆事件」との遭遇と無縁ではなかったように思われてならない。

手記の最後に掲載されている死刑囚が処刑されたのは一九一一年六月一九日午前一〇時二一分とある。田中が手記に残した一一四人目の最後の死刑囚だった。

第三章

手記を守った元江戸町与力

個人教誨の勧め

一九一二(大正元)年一二月九日、田中一雄は東京監獄の教誨師を退職した[50]。当時、定年制はなかったが高齢のためだったのか、長い教誨師人生に疲れて、潮時と思ったのだろうか。それとも病気を抱えていたのか。約二週間後の一二月二四日、次席教誨師の沼波政憲も田中のあとを追うように退職した。沼波は「大逆事件」の死刑に立ち会った衝撃で辞めたと伝えられているので、田中もあるいはそうだったのだろうか。

田中の教誨師歴は篤志時代を含めると約二七年になる。同時代だけでなくそれ以後の教誨師のなかでも長いほうだろうが、何より同時代に二〇〇人を超す死刑囚を見送った教誨師は田中のほかにいなかった。出自、生い立ちなど謎に満ちた田中だが、教誨師時代に書いた文章が何本か残されてある。それらの文章から田中が犯罪者にどのような教誨をし、死刑囚とどのように接し、死刑制度をどう考えてきたのかなど手記につながる軌跡が見えるかもしれない。また手記をなぜ書き残し、それを原胤昭に託した経緯やその理由などを知る手がかりも得られるのではないか。

田中は、元は神道者だった。教派神道の一派になる神道大成教(大成教)の管長・平山敬忠

（号省斎《せいさい》　一八一五―九〇）に導かれて警視庁鍛冶橋監獄で囚徒への教誨を手伝うようになったのが教誨師になるきっかけだったようだ。『神道事典』などによると、福島・三春出身の平山は幕臣で、ペリー一行の応接メンバーに加わり、また長崎でロシアやオランダ使節にも応接し、のちに外国奉行になったが、維新後に徳川慶喜に随って静岡へ移り、一八八二（明治一五）年に大成教を立てた。

平山は鍛冶橋監獄で一八八五（明治一八）年に「其の筋」（内務省か）に囚徒への教誨を申し出て、田中も平山に随って教誨をするようになった。[51] 天皇中心の随神《かんながら》の道を求める大成教の平山を田中がどのような経緯で知り、教徒になったのかなどについて語る資料はなく、田中も書いていない。

監獄教誨が制度化されたのは一八八一（明治一四）年九月の監獄則改正からだが、それまでは天皇崇拝中心の神道教義普及のための、国民教化運動の中央機関だった大教院が神道・仏教・儒教各派に必要に応じて教誨師の派遣を依頼していたが、対応できた監獄は全国一四〇余のうち一八施設に過ぎなかった。[52] 八〇年代前半はまだ監獄教誨は揺籃期だった。後年田中から手記を託されるキリスト者の原胤昭が、内務省の要請で神戸の仮留監で教誨を行なうようになったのは八四（明治一七）年七月である。このころの監獄教誨は神道、仏教、キリスト教などが混然となって、各監獄からの依頼や教団からの積極的な申し出によっていた。浄土真宗が監獄教誨をほぼ独占していくようになるのは一八九〇年代半ば過ぎで、教育勅語を核にした国民道徳主眼の教誨になっていく。[53]

田中は一八九〇（明治二三）年五月に亡くなった平山のあとを継いで一一月から鍛冶橋監獄の教誨を引き受け、三年後の九三年に嘱託、翌年四月からは同監獄の最初の常勤教誨師となった。教誨師が監獄則で法的に位置づけられるようになってから初めて作成されたと思われる全国の「監獄吏職員録」（一八九五年一二月二八日調査）が残っており、警視庁監獄署職員の最末尾に田中一雄の所属が大成教と記されてある。[54]

未決の囚人と死刑確定囚を収容していた鍛冶橋監獄での教誨は、当初は毎週日曜日の午前中に、一八九〇年秋からは水曜日の午前中にも行なわれるようになった。当時は総囚教誨といって、広い監房や作業場に全囚徒を集めて教誨師が一般的な道徳説話をするだけだった。

神道大成教が担当する前までの教誨では宗教的な儀式はなかったが、平山が教誨するようになって以後は神道儀式で行なわれるようになった。監房の壁板の中央に天照皇大神、その左右に八幡大菩薩、春日大明神の三本の軸を掛け、その前に二脚の机が置かれ、一脚には清水、塩、洗米、榊を供え、もう一脚には菓子が供えられ、五、六人の衣冠スタイルの神職が祝詞《のりと》を奏し、浄めをしてから教誨が行なわれた。教誨師は神職と同じ服装で、田中も衣冠装束だったのだろうが、常勤教誨師になった一八九四年からは服装も神職のスタイルではなく、羽織袴、あるいはフロックコートに替わった[55]。

田中の写真は残っていないが、わたしの描いたイメージでは、田中はフロックコートではなく羽織袴スタイルだったのではないだろうか。

教誨師への謝礼は当初、監獄側から毎年歳暮として一五円程度を管長の平山に贈呈していたが、教誨師が正式に制度化されてからは俸給になった。「監獄吏職員録」の田中の俸給欄には四円となっている。他の監獄の教誨師に比べてかなり低額で、おそらく大成教からの補塡があったのだろう。『日本監獄教誨史 上』には、一八九四年四月一日付の田中の俸給は「九円」とあり、職員録との違いは教団からの補助が含まれた額と思われる。

田中が常勤するようになって以後、監獄における教誨のスタイルは次第に変わっていき、それまでの数百人から一〇〇〇人近い囚徒を一堂に集めての総囚教誨に加えて、雑居房や独居房での個人教誨も行なわれるようになっていった。それには田中の意見が多少とも取り入れられていったところもあるようだ。

田中が監獄内外の雑誌などに寄稿した文章は全部で一七本確認できる。エッセイ風の文章もあるが、多くは監獄教誨の現場からの提案、報告、意見である。田中の初めての文章は、一八九七（明治三〇）年一一月号の『監獄雑誌』に掲載された「監獄教誨」である。そこで田中は、当時はほとんど行なわれていなかった個人教誨の新設を提案している。[56]

従来の総囚教誨も必要だが、各囚徒はそれぞれ習慣や好みや信念（これは現在の信仰と祈禱などの信心が重なっている）などが異なるので、囚徒ごとの教誨をすれば効果が上がるのではないかと田中は主張している。

「各人各個の好事信念に依りて之を教え、之を導かば、之に心を寄せ、耳目を傾くるは人生の常なれば、其の道より知らず識らず改心を促」すから、信念や好みなどに沿った「個人教誨の方法を新設」するのが良いのではないかと田中は提案する。

この提案に説得力を持たせるために田中は自ら個人教誨を実践し、その結果を原稿のなかで報告している。

七〇人の囚人に課せられた作業をする工場での教誨で一〇人ずつのグループに分け、それぞれ喫煙、飲酒、賭け事、鳥獣への愛着に分けて嗜好を聞いた。そのころの人びとの嗜好の一端をあらわしているが、七〇人の囚人の嗜好は圧倒的に喫煙だった。

喫煙五〇　喫煙の習慣がない五　賭け事三　動植物への愛着五（七人は回答なしだったよう

だ）。

田中はグループ分けの教誨で自ら神道者であることを明らかにした上で、それぞれの信念を訊いた。その結果、半数近くが仏教信仰の範疇に入る観世音、不動尊、文殊、弘法大師などを信じ、神道では、金比羅、水天宮、稲荷、愛宕などを信仰し、宗教ではないが祈禱、方位、人相、家相、縁起などに頼っている囚人もいた。何らの信仰もなく、頼るような信心も持たない囚人は半数以上だった。

田中は各囚人の嗜好と信念を知ったことによって、それぞれの囚人の教誨の際にとても役に立ったと報告している。集団を対象にした総囚教誨では囚人個人の嗜好や信念がわからず、一般的な話しかできず、教誨にはほど遠かった。田中がこの文章でとりわけ個人教誨の有効性を語っているのがキリスト教を信仰していた囚人（受洗者ではないと思われるが）のケースである。

田中はその囚人が新約聖書を読んでいるのを知り、その訳を訊いた。すると囚人はかつて深川区深川扇橋町（現・江東区白河四丁目付近）近くの教会でキリスト教の説教を聴き、深く感じ入ったというのだった。

「どんな罪悪を犯した人でもキリストを信じれば、その罪は赦されると聞きました。今、こうして罪を犯し囚人の身になってその説教を思い出し、新約聖書を買い、罪が赦されることを願って読んでいます」

この囚人の話を聞いて田中は「五六囚（囚人は個人名ではなく、番号で呼称）は基督を信じれば、その罪はたしかに赦されるだろう」と答えた。それだけではなく田中は、その囚人のために監獄に備え付けてあったのか、所持していたのかわからないが、新約聖書の「マタイ伝（マタイによる福音書）」九章二二節を示し、その主旨を語りながら読み上げたのである。

一二年間患っていて出血の止まらない娘がイエスに近づいて、後ろからイエスの服に触れた。イエスは振り向いて娘に言った。「娘よ、元気になりなさい。あなたの信仰があなたを救った」。この時から娘は長い病から救われた[57]――

田中は「マタイ伝」のこの話に触れつつその囚人に「マタイ伝にあるようにキリストを信ずる心が堅固であれば、罪は必ず赦されるだろう」と諭し、さらに同じ「マタイによる福音書」七章七節（「ルカによる福音書」＝「ルカ伝」一一章九節も同主旨）の「求めよさらば与えられん」を教えて、こうつづけた。「罪悪のみならず心はよろしきを求めて休まず、尋ねよ、逢い求めよ、さらば与えられん」と教誨し、その囚人の「改心」は近いと書いている。現在では広く知られた聖句だが、キリスト教がまだまだ現在のようには受け容れられていなかった当時にあって、神道者でありながら、聖書も精読していた田中であった。

田中は「監獄教誨」の文章のなかで紹介した話について「当を得ざる」かもしれないがと、断りながら個人教誨がとても有効だと説くのであった。田中が個人教誨を重んずるのはたんに教誨の技術的な側面から主張したのではなく、キリスト教を信ずる囚人に対する教誨にも見られるように個々の囚人の違いを尊重し、対等に向き合おうとしていたからだろう。これは現場で得た田中の体験的教誨であって、その後の長い教誨師生活のなかでも貫かれていく。

田中の提起した個人教誨は各監獄で採用されつつあったが、物理的な事情もあったようでまだまだ十分ではなかった。その後も田中は内外の教誨事情を監獄学者などから聞き、二年後の一八九八（明治三一）年一月号の『監獄雑誌』に「教誨管見」の題で再び、個人教誨の有効性と必要性を力説する文章を寄稿している。そこでは少人数に分けてのグループ教誨も提案している。監獄教誨の草分け教誨師で、当時すでに一〇年以上のキャリアも積んでいた田中だが、この文章では教誨はじつに至難な仕事だと嘆息し、しかしそれゆえにやり甲斐があると述べている。

「世に至難なる事業ほど成就するに至って愉快感ずるもの無かるべし……吾人不肖の身を以て教誨の任に充《あ》たる。実に快楽となす[58]」

外からは見えない監獄の世界で、しかも地味な裏方である教誨師に田中は自信とプライドを持っていた。

田中が「教誨管見」のなかで珍しく自己について、ほんの少しだが語っているところがある。

「幼時は愚鈍にして放逸無頼。一つも父母の訓戒に順《したが》うことなく、師友の忠言も聴きしことなかりしゆえに、一身を過ぎなんとする。再三にして足らざりしも幸い慈母や慈姉の保護によって一身を全うすることを得る。今にしてこれを思えば潸然慚愧《せんぜんざんき》の涙禁ずる能わざるなり」

幼いころからずっと放逸無頼、親や先生や友人の言うことに耳を傾けず、好き勝手に生きてきたが、幸いにして慈しみ深い母と姉に支えられてようやく一身を全うできるようになった。それを思うとひそかに慚愧し涙を禁じ得ない、と田中は自己の歩みを顧みて反省し、母と姉に感謝する。だからこそ囚人への思いが深くなると書き、たとえ少人数であっても私の話を聞きたい人がいれば喜んで応じるのだという。

ここで田中はこんな例を紹介する。

釈放後に三年間正業に就いて懸命に働き、田中を訪ねてくる元囚人がいる。そんなとき田中は、不治の病にかかった病人を治癒させた医者のような気分にもなるという。また教誨の最中に、よそ見をしている囚人に注意をすることがあるが、その囚人は必ずあとでやって来て反省して詫びる。これらのことは日々接していればよくわかる。だれにも慚愧する心はあり、だれにも良心があると力説する。したがって囚人と誠心誠意交われば、どんな凶悪な犯罪者もいつか「神恩」がわかるはずである――田中は切々と、自信に満ちた調子で述べる。そのためには、やはり少人数の教誨や個人教誨が不可欠だというのだった。個人教誨では教誨師と囚人が対等になり、何でも話せる関係を生み、そうした場をつくるからだという。

「教誨管見」で田中は自己の幼時からの歩みを少しだけ語り、母と姉のおかげでその後の人生を全うできたことを感謝しているが、じっさいはどうだったのだろう。また母と姉への感謝はあっても父親については一言も触れられていない。いずれも田中の軌跡にかかわって気になるところである。

死刑囚への愛

田中は教誨師になったころから死刑（制度）にはかなり関心を持っていたようだが、それについて書いた文章は一九〇〇年代になるまでは見当たらない。死刑囚への教誨が行なわれるようになったのは監獄や地域によって異なるが、刑場のあった市谷監獄の場合は一八八八（明治二一）年六月ごろからで、教誨は執行の三〇分ほど前に行なわれていたという。[59] そのころ田中はまだ死刑囚教誨には携わっていなかった。

死刑について田中が最初に書いた文章は、『監獄協会雑誌』に寄せた「死刑場裏の観察」[60]である。エッセイ風のタイトルだが内容は、田中が得意とした分類的な観察報告である。田中がこの文章を寄稿したのは、東京監獄の所管が警視庁から司法省に移って市ヶ谷富久町に移転新築したばかりのころだ。一九〇三年三月に司法省職員になった田中はほぼ同時に神道大成教から浄土真宗本願寺派へ転宗している。神道者から仏教者へというのはかなり大きな変化で、田中の教誨思想にも大きな影響があったのではないかと思われるが、転宗の経緯などはまったくわかっていない。[61]田中の書いた一一四人の死刑囚のうち神道者時代は三二人だが、真宗僧侶になってからは八二人を数える。だが手記の記述からは、大成教のころから仏教者のような死生観が随所にうかがえる。手記の記述が一九〇〇年からなので、そのころには神道の宗教思想からは離れていたのかもしれないが、もともとそれほど篤い神道者ではなかったようでもある。

東京監獄に刑場ができたのは一九〇五（明治三八）年五月で、それまで東京監獄の死刑は、同監獄の東に隣接していた市谷監獄の刑場で執行されていた。すでに田中は「稲妻強盗」はじめ手記に書かれているだけでも三十数人の死刑の執行に立ち会い、くり返し「死刑は不要」と刻みつけるように書き記してきた。「死刑場裏の観察」は市谷監獄に刑場のあったころに書かれ、やはり現場からの観察による報告だ。

この文章で田中は「死刑廃すべしといい、存置すべしという。予はその存廃を論ぜんとするものに非ず」と、死刑問題について意見を述べるつもりはないと釘を刺す。だがそれにつづけて多年にわたって死刑囚に接するたびに「茫然自失、この種の刑罰が果たして何らかの効果があるものなるや甚だ了解に苦しむ」と死刑制度への疑問を述べ、死刑廃止論に身を寄せる。それでも廃止論を声高には主張せずに、小稿を死刑存廃の議論の材料にしてほしいと述べる。

「死刑場裏の観察」は田中によれば、一八九九（明治三二）年以来、足かけ約六年、五〇人以上の死刑囚を「観察」した結果だという。それによると、臨終場面では死を恐れる死刑囚、恐れない死刑囚、どちらかはわからない死刑囚の三つに分かれる。それぞれなぜ「恐れるのか／恐れないのか／わからないのか」を心理的に分析し、たとえば宗教上の安心が得られない死刑囚は死を恐れ、宗教上の安心が得られた死刑囚は恐れを抱かないという傾向が見られると報告している。しかし死への恐怖について「わからない」という死刑囚については、なぜ「わからない」のかはつかみ切れなかったという。

田中は観察報告をこう締めくくる。どれほど残忍暴戻で非道な悪人でも、教誨師はその囚人が望んでいることをよく知らねばならない。死刑囚には「愛護」が不可欠だが、それは死刑囚が見ているところだけでなく、見ていないところにも教誨師は目配りしなければ「愛護」していることにはならない。もし死刑囚が過ちを犯せば、教誨師は囚人を責めるより先にまず己を責め、しかるのちに囚人に非を改めさせるようにすべきである。死刑囚の言動はだから、教誨師に向けられていることを忘れてはならない――。

ややわかりづらいが、「死刑場裏の観察」で田中は結局、死刑囚を他者ではなく、じつは自分であるという意識、感覚で接することが必要で、それを支えるのは愛だと言いたかったようだ。では死刑制度には愛があるのか、むしろ愛を断ち切ることになるのではないか、と問おうとしたのではないか。このあたりは当時のキリスト教教誨師、とくに原胤昭や留岡幸助の犯罪者に対する観方と共通する。原については後述するが、留岡は空知《そらち》集治監の教誨師時代の「日記」のなかで「罪囚ノ精神ヤ、此等シク吾人ト同一ノ精神ナリ。吾人人タレバ罪囚モ亦人タリ」(「罪悪学研究につき自序す」[62])と書いている。留岡ほどではなかったかもしれないが、田中の死刑囚への観方や接し方も留岡と重なっているところがある。

沸騰した死刑廃止論のなかで

田中が「死刑場裏の観察」の冒頭で書いているように、死刑存廃論は二〇世紀に入ってから賑やかになるが、じつは死刑廃止の意見は維新後から当時の知識人によって主張されてきた歴史がある。

近代日本で死刑廃止を最初に訴えたのは幕末に西周《あまね》とオランダ留学し、そこでイタリアの法学者・ベッカリアの拷問廃止論に出会った津田真道《まみち》である。一八七五（明治八）年八月に明六社の『明六雑誌』（第四一号）に津田が「ベッカリア氏の顰《ひそみ》に倣いて」発表した「死刑論」の冒頭にはこうある。

「刑は人の罪悪を懲《こら》す所以なり。懲《こらしめ》るとは何ぞ、曰く犯人の悪事の罪業たる、罪業の畏るべきを知りて之に懲り、之を悔い、善導に復帰するなり。刑法の目的は宜しく此の如くなるべし。然り而して死刑は苟も之を施行すれば即ち人命を絶つ。豈《あに》之を懲悔の法とすべけんや。たとえ其の人懲悔する所あるも、其の人已に死して其の心魂其の体に在らず、奈何《いか》んぞ善道に帰し、善行を人間に脩むるに由あらんや。故に曰く死刑は刑に非ずと[63]」

日本の西洋法律学の草分けの津田がこれを書いた前年の一八七四年には、全国の死刑宣告者総数は七四八人にも上った[64]。刑法制定五年前の津田の「死刑論」は「晴天の雷鳴にも似て世間を驚かしたであろう」と明治法制史研究者の手塚豊は評している[65]。津田の「死刑論」を田中が読んだかどうかわからないが、津田の「死刑論」にあるように、死刑制度は「新しい生」を生きる可能性を奪うと田中が手記で批判したことは、早くに主張されていたのだった。

津田が加わっていた明六社は、近代日本の最初のリベラリズムグループだったが、自由党の理論家で土佐出身の植木枝盛はその「落とし子」だった[66]。植木は一八八一（明治一四）年一月に自由民権運動の機関誌『愛国新誌』の第二〇号と二一号で死刑廃止を主張した（家永三郎「明治時代の死刑廃止運動」）。そのなかで植木は刑事政策的な理由に加えて、人はすべて同等であり、同等の人が同等の人を殺すのは暴であるという倫理的理由から死刑廃止を強く述べ、それを発展させて土佐・立志社の仕事で同年八月に起草した「日本国々憲案」（附則を含めて全文二二〇条で構成）の第四五条に死刑廃止を書きこんだ。「日本ノ人民ハ何等ノ罪アリト雖モ生命ヲ奪ハ（レ）ザルベシ[67]」。

津田や植木の死刑廃止論はわりあい知られているが、明治期の仏教指導者の大内青巒《せいらん》が死刑廃止で国会請願運動をしていた事実はあまり知られていないかもしれない。大内は天皇崇拝を中心にキリスト教排撃運動をしていた保守的な宗教者だったが、一八九一（明治二四）年の第一回帝国議会に死刑廃止を求めて請願し、それを受けたと思われる衆議院議員の田辺有栄《ありひで》が旧刑法から死刑の一部撤廃の緊急動議を提出している。大内はさらに第三回と第四回の帝国議会にも死刑廃止を請願したという。大内が第三回議会に請願した死刑廃止の理由は七項目あり、その第一項に「刑法は人の心魂に及ぼすべからず。然るに死刑は人の身体心魂併せて之を奪う。

是れ法理の正を得たるものにあらざる」とある。大内の死刑廃止運動については安形静男氏の「大内青巒の死刑廃止運動」[68]で教えられたが、死刑廃止を求める声は保守的な論者からも出ていたのである。

刑法からの死刑削除を求める声は世紀の変わり目ごろから再び活発になるが、一九〇二（明治三五）年一月の第一六回帝国議会に刑法改正案が提出された（改正はならなかった）前後から一気に高まった。幸徳秋水が刑法改正問題で喫緊《きっきん》の課題として死刑廃止を取り上げ、『万朝報』に書いたのは一九〇二年三月三日である。

「人は人を殺すの権利なし、殺人は如何なる場合に於ても罪悪也、個人の手に於てするの殺人が罪悪なると同時に、私刑の時に於てするの殺人が罪悪なると同時に、国家法律の名に於てするの殺人も、亦罪悪ならざる可らず、然り文明の民は決して国家法律が此の罪悪を行なうことを恕《ゆる》す可らず」

「死刑を存するは文明国民の恥辱也、而して実に罪悪也[69]」

それから九年後、秋水は「文明国の恥辱、罪悪」の死刑に己の生を奪われることになるとは予想もしなかったろう。

秋水の「死刑廃止」は監獄外の社会からの発言だが、監獄関係者から死刑廃止を求める意見や声が上がるようになったのは一九〇二年以降の刑法改正期からである。監獄学者として知られ、ドイツや欧米など内外の監獄事情に通じ、内務省の監獄事務官でもあった小河滋次郎(一八六二―一九二五)の死刑廃止論は官僚からの発言だっただけにとりわけ注目された。

監獄現場から死刑廃止論が噴き上げるように盛り上がったのは、死刑制度を旧刑法のまま存続させた新刑法草案が帝国議会にかけられた一九〇七(明治四〇)年である。この草案に対し監獄現場の声を丹念に取り上げて反対論を特集した監獄協会の機関誌『監獄協会雑誌』(現在の誌名は『刑政』)の〇七年二月号は死刑廃止を求めた大特集号で圧巻である。[70]これは小河が働きかけた企画だったという。[71]

同号のエピグラフには、オランダの刑法学者のヴァン・デン・テーク(ターク)が同国の刑法改正案について政府から意見を聞かれて突き返した際に言った詞《ことば》が置かれてある。「汝は余に汝の監獄が如何に構制せられつつあるやを説明せよ　而して後、余は汝に汝の草案(刑法改正)の適否如何を語る所あるべし」。

巻頭論文は編集局による「刑法改正案に就いて」である。

「死刑廃止を行なうことの出来ぬ改正案、その基づく所は依然として単純な畏嚇又は除害の主義である」と刑法改正案をこっぴどく批判する。さらに改正案が死刑を存置したことについて「立法の大勢が既に死刑廃止に傾きつつあるは争うべからざる現実的事相」なのに、「死刑廃止を断行する能わざりしは遺憾なり」とヴァン・デン・テークにならって突き返さんばかりの筆鋒である。本誌編集局の筆となっているが、おそらく小河の執筆だと思われる。

特集号には、全国の監獄の典獄、看守、教誨師など監獄職員八九人が死刑について寄稿しており、そのうち半数近くの四〇人が死刑廃止を主張してじつに壮観である。当時教誨師として知られていたという押田芳之助ら三人が連名で寄稿した「刑法改正案に対する意見」は、現場の体験を踏まえた一五頁にも及ぶ大論文である。

「(死刑囚の)十中八九の者は殆《ほとん》ど改悪遷善の念を起こせることは、従来の経験上、正に確認し得るところとなり、然るに之を其の身に実行するの遑《いとま》なくして幽冥処を異にす。豈また悲しからずや。其の他の者と雖も、教養の時機の宜しきを得るに及んでは、必ず真心悔悟の情を発露するに至るべく、或いはまた冤枉の罪に引かれて、黄泉《よみじ》に赴くが如き不幸を免るる者を現出するに至るべし。何れの点より考察を回《めぐ》らすも、死刑は有害無益の惨刑たる断案を下すに憚らざるなり」

特集号には青年期に江藤新平の佐賀の乱に加わって投獄され、後年市谷監獄の典獄になった野口勤造の死刑廃止論なども掲載されていて、多彩で今でもそれほど古さを感じさせない。一二〇年近くも前にこれだけの死刑廃止論が監獄現場からデモンストレーションのように発表されていたことに瞠目《どうもく》する。

田中一雄もこの特集号に寄稿し、死刑廃止の立場は他の寄稿者と変わりはないが、他の廃止論とはやや異なるような書きっぷりである。「刑法改正案に就て」と題した田中の文章は、二頁足らずで短い。田中は議会に提案された刑法改正案に死刑が存置されていることについて批判はするが、それは「人間には同類の生命を奪う如き権利なし」という立場からではなく、死刑制度がないと社会の安寧秩序が保たれないほどの凶悪者がいるのだろうかと、現場体験から問うている。

「予が二十年来（明治一八年より）死刑宣告者に就いて観察する所（死刑制度がないと社会の安寧秩序が保たれないほどの凶悪者が存在するということとは）全く反対の事実を示せり。況《いわん》や戒護者に獰暴なる者ほど教誨師に向かって従順なるは珍しからず。死刑囚の多くは改善し得るものにして、罪悪の大なるほど懺悔の著しき者あり。然るを吾人宗教者が此の如き改心せる者を死に致すは、最も忍びざる慚なり。

未決監に教誨を為し、死刑という残忍過酷の罪人に接する毎に茫然自失してこの種の刑罰は何の効果あるやを思い惑えり。もしも死刑は国家人民の危害を除き、社会の秩序を維持する唯一の武器なりと言わば、余は之に答えて国家人民に毒害を為すものを排除するの方法は他に求むるに難しきを視ざると言わんとするものなり。

予が明治三十三年以来悲惨窮まりなき死刑宣告者に教誨するもの八十二人、うち証拠不充分にして無罪の宣告を受けしもの五人、無期徒刑に処せられしもの七人、内四人は特典を以て死一等を減ぜられ、他の七十人は死刑の執行を受けたり。此の七十人中改心の見込みなきは僅かに三人を観るのみ。但し此の三人とても監獄行刑上取締り得ずという者には非ざるなり」

田中はどんな凶悪な犯罪者に対しても信頼し、改心するはずと向き合った。死刑制度がなければ躓《つまず》いた死刑囚も生き直すチャンスがある、それが教誨師田中の体験から得た確信に近い信念だった。「刑法改正案に就て」は現場からの具体的で実証的な数字を挙げて書かれた小論だった。田中はこの文章で、論より死刑囚の現場に密着したところから死刑に異議を申し立て、五〇人の具体的な実例を誌上で示そうとしたが、紙幅の関係で「実例省略」と書かねばならなかったが、おそらくそれが後年の手記の半分ほどになったのではないかと思われる。

田中が本格的に死刑囚の教誨をするようになったのは世紀の変わり目直前の一九〇〇年からだったと思われる。おそらくそのころから手記に書きこまれる個々の死刑囚のデータを手許に残すようになり、一九〇二（明治三五）年一二月にできた教誨原簿のスタイルに則って死刑執行から数日のうちに記録していったのだろう。パソコンもない時代に、退職後に一〇〇人を超える死刑囚の一人ひとりについて思い出して書くことはできなかったろうから。残された手記からは「稲妻強盗」のように臨場感が伝わってくるケースも少なくないのは、それゆえだろう。また手記の最大の特徴である各死刑囚の「備考」欄は、時日を経過してからではなく、ほぼリアルタイムでしか書けなかったと思われる。

現在からではとても考えられないような監獄現場からの死刑反対論はしかし、議会や政府からはまったく無視され、死刑の存置された現刑法が施行されたのは一九〇八（明治四一）年である。その後は死刑廃止の声は大きくはならず、とくに現場からは刑法改正時のような盛り上がりは一度も起こらなかった。監獄外からは「大逆事件」後に蘆花が死刑廃止を主張した「死刑廃すべし」「死刑廃止」はあるが、いずれも発表された形跡はない（徳冨健次郎『謀叛論』所収、中野好夫解説）。その後の死刑廃止論は一九四五年八月以後の敗戦を待たねばならなかった。

一九〇七年の「刑法改正案に就いて」は田中が監獄関係の雑誌に寄稿した九本の最後の原稿で、以後退職するまで一本も書いていない。監獄外の雑誌には一九〇八年から退職直前の一二（明治四五）年六月までに合わせて八本の原稿を書いているが、それ以外は未発見である。『監獄協会雑誌』の刑法改正特集号には、人権尊重の立場から監獄改良に取り組んだ留岡幸助が死刑廃止を求めて寄稿している。では原胤昭はどうだろう。大部な同特集号をくってみたが、この号に原の名は見当たらなかった。原は大日本監獄協会の雑誌の創刊時からかなりの文章を寄稿しており、それは田中よりはるかに早く、量も多い。田中は原の文章を読んでいたと思われるが、原が監獄関係の雑誌に寄稿した評論や報告などには死刑廃止について書かれた文章は見当たらなかった。

原胤昭への共感と信頼

原は田中の手記を現在に残し、伝えたきわめて重要な人物である。兵庫の仮留監で教誨師になり、自然環境が過酷で、重罪人の収監されていた北海道の集治監で監獄改良に取り組み、しかも東京・神田の自宅では早くから免囚者（刑期を終えて出獄した人）保護をしてきた原と、田中はどこでどのように知り合ったのか。なぜ手記を託したのか。田中は原と同じ職場で働いてもおらず、原との接点や交点は見えない。

原は一八九二（明治二五）年一二月に樺戸集治監でキリスト教では初の常勤教誨師になったが、九六（明治二九）年一一月末に退職して東京へ戻り、翌九七年初めから東京出獄人保護所を開設し、終生を出獄人保護事業に捧げ「更生保護の父」「免囚の父」と言われるようになる。

晩年に近い一九三三（昭和八）年六月から八月まで『法律新聞』に一三回にわたって「前科者はなぜ又罪を犯すか」のタイトルで寄稿している。この連載で原は出獄人保護事業に生涯を捧げる原点になったことや教誨の姿勢、創案した出獄人に関する独創的な「保護カード」などについて語っているので、それに沿って原胤昭の軌跡を少したどる。[72]

原は幕末、日本橋茅場町の江戸町奉行所与力《よりき》（江戸市中の財政、裁判、牢屋見廻り、風俗取締りなどを担当した）・佐々木家の三男（幼名弥三郎）として一八五三（嘉永六）年三月一一日（現在の暦）に生まれた。「米国から開国の使節を乗せた黒船が、ボーと汽笛と共に相州浦賀の沖合に、黒煙朦々と奇怪な姿を現した。汽笛に夢を破られた我国は上を下への大混乱」の最中であったと原は記している。弥三郎は一〇歳で祖父母の原家の養子になった。一三歳で「江戸八百八町に響き渡った時の地方警察兼司法官たりし与力五十人中の一人で番方与力」になり、石川島人足寄場《よせば》（無宿者や刑期満了者を収容した労役所で、長谷川平蔵の建議で江戸中期に佃島に設置された。明治維新後に石川島監獄）の見廻り役になった。その当時の写真が『法律新聞』に掲載されてある。

原が父や兄の教導によってキリスト教の宣教師から洗礼を受けたのは一八七四（明治七）年一〇月、二一歳だった。耶蘇教と言われていた時代である。一八八三（明治一六）年、原の生涯の生き方を決定づける事件が起きた。当時錦絵販売業をしていた原は、支持していた自由民権運動の盛り上がりのなかで起きた「福島事件」（八二年）の河野広中、田母野《たもの》秀顕《ひであき》らの「壮挙に共鳴し」、事件の宣伝資料に河野ら六人の肖像画（錦絵）に政府転覆をもじって「天福六歌撰」と名づけた六枚一組の版画（錦絵）を作成した。むろん描き手は版画家だが、原はそれに「頭書にチョイと、筆を走らせた」のだった。

「天福六歌撰」とは権力を嗤うタイトルだったが、政府は見逃さなかった。原も警戒して試しに三枚だけを「売り出した」ところ、たちまち発売禁止、警視庁に召喚、裁判所で軽禁錮三カ月、罰金三〇円の刑に処せられた（出版条例と新聞紙条例違反）。八三年一〇月のことだった。

この筆禍事件で原は、与力だった少年時代の見廻り役の持ち場だった、石川島監獄に入れられた。監獄とは名ばかりの牢屋の劣悪環境と、それにもかかわらず人情豊かな囚人との出会いが原の生涯を決めた。

「その牢屋と云ったら、二千人も一ッ構内に押し込め（た）大牢で、私の入れられた監房は、三番監と云い三百人も一緒に押し込められた。周囲は四寸角の鞘柱《さやばしら》（牢獄を囲む柱）で、開けっ放しの吹きッ晒しで、佃島の潮風にあおられる。床は板の間、夜になると囚人が頭と足を互い違いに寝て、破れ蓙《ござ》を引っ張り合い、一枚を三人の大男で羽おり、身体と身体寄り合わせて漸く暖を取るが、そこへ容赦なく蚤の大軍が総動員、これが厳冬の真夜中だからたまったものでは無かった」

底の抜けたような酷い牢獄でチフスが流行ったからたまらない。原も罹患《りかん》した。ほとんど死にかけたが看護した囚人に助けられ奇跡的に一命を取りとめ、刑期を終えて出獄できたのがその年、一八八三年の暮れもギリギリの一二月三〇日だった。筆禍事件で石川島監獄の囚人になったことが原の原体験になった。

「私は此の牢獄生活で、すっかり囚人の惨苦を嘗め、人の情を知った。罪人は、決して天然自然に湧き出るものではない。それだのに世間はなぜ前科者に冷たいか、前科者はナゼ、又、罪を犯すか、諺に云う「朱に交じわれば赤くなる」とは誠に至言で、ああしておいては、社会自ら再犯者を作るようなものだと、其の実情をつくづく覚った。それで私は心から気の毒に思い、囚人にすっかり同情してしまった」

原は犯罪者が更生できない、再び犯罪を起こしてしまう病巣は社会にあると的確に見抜き、「牢屋体験」によって出獄者のために保護事業（衣食住と仕事の斡旋紹介事業）を自宅ではじめるようになり、それに一生を捧げることになった。「牢屋体験」はまた、原に監獄改良の必要性を痛感させ、頼ってくる出獄者の話を聞きながら悲憤慷慨し「口舌に筆硯《ひっけん》に、無闇矢鱈《むやみやたら》に監獄改善を絶叫した」。これが内務省の高官に届き、原は一八八四(明治一七)年夏に新設されたばかりの神戸の兵庫仮留監の正式教誨師を依頼され、引き受けたのである。田中一雄が鍛冶橋監獄で平山省斎にしたがって教誨をはじめたのは一八八五年だから、二人は西と東でほぼ同時期に教誨にたずさわるようになった。もっとも原は正式な常勤教誨師で俸給も一二円だった。

兵庫仮留監は地方監獄に収容されていた重罪犯を北海道の集治監へ移送するための一時預かりの監獄で、徒刑、流刑、重懲役、終身刑に処せられた囚人二〇〇~三〇〇人が溜まると北海道へ送られていった。北海道は極寒の地、開拓ははじまったばかりで熊や狼に喰われるという話が獄内でも噂されて凶悪犯にも恐れられ、破獄も少なくなかった。その仮留監で原は初めて教誨師になったのだが、肝っ玉は据わっていた。

「囚人の兇猛を教誨善道するのが教誨師で、智者識者は或いは尻込みしたかも知れないが、私は至って平気で此の危険地域に踏み込んだ」

原は兵庫の仮留監の教誨師時代に人道主義的な立場から監獄改良に取り組み、さらに各地の監獄を視察し、囚人が動物のように扱われ、虐待されている実態を目にして、内務省に報告している。

兵庫仮留監で教誨師を四年つとめた原は一八八八(明治二一)年四月から釧路集治監へ赴任

し、九二（明治二五）年には樺戸集治監へ異動して教誨師をつづける。兵庫仮留監から合わせて一二年間教誨師を務め、その間出獄人保護もつづけており、一八九七年からは先述したように東京出獄人保護所を開設して四〇年間、一万人を超える免囚者の生活を支援した、類まれな市民社会事業者だった。写真で見る限り小柄だが、体いっぱいエネルギーが詰まって燃えつづけていたのだろう、「五分の虫」に、その倍の「一寸の魂」が詰まっているような元江戸町与力だった。

原は教科書もない、先輩もいない、しかも荒くれ凶悪犯の多い監獄教誨をどうやって切り拓いていったのか。「誰に教えても貰いもせず、書物を読んだのでも無い」原が取り組んだ教誨の方法は、大きくは二つあった。

「皆極悪な囚徒であるから多数を同時に出房させる事は難しく、したがって一般監獄でやるように総囚教誨は実行が出来なかった。私は臨房教誨と名づけて自分も監房に入り囚徒と膝を交えて座談的に教誨し、又質問に答えた」

「教誨対話中には治獄上参考となる実話もあり、彼らの改悛美談もある。また他聞を憚る実話もあるので、別室を建設し之を個人教誨所と呼んだ。室は僅かに二坪の土間、看守は室外より戸締りをして去る。教誨の所用をおわり呼子を鳴らすと看守が迎えに来て連れ帰る」

「対等になって話す個人的臨房教誨には、彼らも気をよくして大いに効果があったので、私もますますこの道に興味を感ずるに至った」

田中が個人教誨を力説していたのは見たとおりだが、原はさらに踏みこんで「対等」ということばを使って囚人と個人的に話せる個人教誨こそが有効だと知って実践したのである。当時は教誨師と囚人は立場上も対等ではなかったから、原が「対等」という関係を重視したのは画期的で、それはキリスト教の教える愛の観念があったからだろう（片岡優子『原胤昭の研究』第3章）。個人教誨について田中は原から教えられたわけではなく、自らの教誨体験から気づいたことだった。教誨をするには、囚人と同じ目線で接することが大事だ、と気づいた二人の教誨師が自然に行き着いたのが個人教誨だった。田中は原の「対等」ということばは使っていないが、意識としては同じだった。

もう一つは、個人教誨を重視する考え方から原が独自に創案してつくった「保護カード」（「ケース記録」とも）である。これは出獄人保護事業には不可欠の、非常に大切な個々人のデータが集積された、個人情報満載のカードである。原が「保護カード」を思いついたのは神戸から北海道時代にかけてだったようだ。原の説明を聞こう。

「保護カードの様式は、何ら参考書によって成案したものでもない。ただ僅かに私が兵庫仮留監や北海道釧路監獄署、樺戸集治監に囚人教誨の職を執った明治十八、九年頃、囚情調査の必要上囚人の心状・行状・犯由などを聴き取りし記入していた、囚人身分手控えの簿冊を参考にしたもの」

原は『法律新聞』連載の第一二回でこう記して、一人につき四枚綴りの「保護カード」の現物の縮小を紹介しているが、じつに詳細な個人情報が記入できるようになっている。田中一雄はおそらく教誨原簿を利用して死刑囚一人ひとりの個人情報をノートなどに書きこんで手記をつくっていったと思われるが、原の独創的な「保護カード」は、田中の手記とは比べようもないほどはるかにくわしく項目も多い。

原は「保護カード」を免囚者の生き直しである出獄人保護のために作成したのだが、もちろんそれが持つ危険性も十二分に承知していた。

「カードには、当人の総てを記載してあるから何時までも存置し、彼らの古傷若しくは罪の痕跡を遺して置く考えは毛頭無い。本人は勿論子孫の為にも良くないから、私が没した後は之を焼き捨ててくれと私の子供たちにも申し聞けてある」

じっさい「保護カード」は原の没後、焼却処分された。[73]

原は釧路集治監の教誨師に赴任する前、同集治監の囚人に課されていたアトサヌプリ硫黄山の硫黄採掘労働による凄まじい虐待労働の実態を視察し、衝撃を受け、内務省に報告した。囚人への虐待労働の現場を見たことがきっかけで、原は六人の幼子を連れて自ら釧路集治監に赴任したという。[74] 囚人によるアトサヌプリ硫黄山の硫黄採掘労働は、原の働きかけでついに一八八八（明治二一）年に廃止された。

釧路から樺戸集治監に移った原はそこでも幌内炭鉱の囚人労働廃止や非人道的な受刑者処遇改善に取り組み、大きく改められた。北海道集治監（釧路、樺戸、空知、網走、十勝集治監を統括した官制。集治監の名称は一九〇三年に廃止、監獄となる）典獄の大井上輝前《おおいのうえてるちか》は原の幌内炭鉱での労働廃止など監獄改良への取り組みを支えたが、そうした原の活動はキリスト教布教のためだと批判され、大井上は非職に追いこまれた。それが引き金になって、原をはじめ道内の集治監のキリスト教教誨師五人が一八九五（明治二八）年一一月に辞職した（連袂辞職）。これにはいくつかの複雑な背景があり、なかでも一時期、北海道の集治監の教誨師が原からはじまって留岡幸助、牧野虎次ら熱心なキリスト教徒が独占するようになったことへの仏教界からの反発もあったようだが、より大きくは条約改正を経て以降の欧化主義への反動、とりわけ一八九〇年の教育勅語に発する国民道徳との連動もあった。[76] 原らの連袂辞職によって監獄からキリスト教の教誨師が退場していき、やがて浄土真宗が監獄教誨を独占していく。これによって囚人への教誨は、原らの囚徒を我がこととして見つめる対等の感情や意識が後退し、監獄教誨は国民道徳中心へと変化していく。田中一雄はそうした潮流には棹さざず、原に近い教誨思想を持ちつづけた。

東京に戻った原は一八九七（明治三〇）年一月に神田神保町の神田メソジスト教会を借りて東京出獄人保護所を設ける（その後は神田元柳原町の万世橋近くへ移転）。原の出獄人保護は石川島監獄を出所して以後、神戸や北海道で教誨師をつとめるかたわら、妻の協力を得て継続され、そのころまでに三〇五人を保護していた。その経験と長い教誨師体験で原は、犯罪者に対する確固とした信念を持つようになる。保護所開設に際して原が資金集めのために公表した「出獄人幷《ならび》に寄宿舎設立の趣意」（同年二月）には、それが端的に表明されている。

「胤昭親しく彼らを教誨し、知友諸賢また感化訓戒を与えらるるあらんとす。其の必ず旧悪を悔いて善に還り正業を営める良民となるべきは胤昭が十数年の経験に徴して断固として信ずる所なり[77]」

この趣意書は『監獄雑誌』などいくつかの関係雑誌に公表されたというから、教誨師の現役だった田中一雄はそれを読み、原の断固としてブレない、人間への信頼と愛情に共鳴、共感するところがあったろう。原の個人教誨を重んじる教誨の方法や「保護カード」などについて田中が聞き及んでいたことをうかがわせる文章はない。原はしかし、田中のように死刑囚教誨はしていなかったようで、死刑制度についての意見はわからないが、犯罪者観からすれば決して賛成ではなかったろう。

大震災と手記のゆくえ

原にとって出獄人の一切を記した手製の「保護カード」は命以上に大切な、何があっても守らねばならない重いものであった。それが突然、危うくなる事態に襲われた。

一九二三（大正一二）年九月一日午前一一時五八分、関東地方の大地が激烈に揺れた。相模湾北部を震源とするM（マグニチュード）七・九の関東大地震である。そのわずか三分後の一二時一分にもM七・二、さらに二分後の一二時三分にもM七・三の巨大な揺れが起きた。後年「三つ子の地震」といわれることもあり、各地で猛烈な火災が発生し、死者・行方不明者一〇万五〇〇〇人以上に上った。この大震災で多くの朝鮮人、そして中国人が排外主義に煽られた自警団などに虐殺され、大杉栄・伊藤野枝夫妻と甥の橘宗一少年が憲兵大尉、甘粕一彦らによって東京憲兵隊司令部で惨殺された。また平沢計七ら七人の労働者が亀戸警察署内で殺されるなど、軍隊、官憲、民衆が一体となった惨い事件が相次いだ。

大震災で神田・万世橋近くの原の自宅を兼ねた出獄人保護所と寄宿舎は全焼してしまったが、「当時寄宿被保護人十名、無事避難」と原は報告している（東京出獄人保護所、第二十七年報）[78]。つづけて同年報で原は「取り敢えず焼けトタンにて小舎を組み、拠（すがるところ）無き被保護者の寄宿舎に当て、後バラックを建てました。災後の保護処理は新収容者を受け入るるよりも旧被保護人にて罹災者の善後始末に忙しく、或いは仮舎或いは就職、或いは治療、或いは郷里に帰らす等応急救護を与えました」と報告している。原の逞しさ、強靭さ、そして被保護者への尽きぬ愛情が伝わってくる。では最も大切な「保護カード」はどうなったのだろう。

「事業上の要書は辛くも幸いに搬出して無難にて事業経営に些かの支障もありません」。原は第二十七年報で「保護カード」は焼失を免れたとあっさり報告しているが、簡単ではなく非常に大変だった。「保護カードは、大震災の時にわたしが死力を尽くして猛火と戦い、火焔の中から助けた」と関東大震災から一〇年後に『法律新聞』で明らかにしている[79]。原は「保護カード」を死守したが、それ以外はすべて灰燼に帰したのだろうか。

触れてきたように原は、田中一雄の手記を現在に伝えたキーパーソンである。大震災の前に手記を託されていたのなら、大切な「保護カード」とともに守り抜いたのではないか。田中の手記も原の「保護カード」ほどではないにしても、死刑囚についてのそれぞれの個人情報が詰まっているのだから。だが原の語りからすると、「保護カード」以外はなかったようである。しかし現に田中の手記は残った。すると大震災後に田中から手記を託された可能性が高いのではないか。

ここで新たに存在が確認された『故田中一雄手記　刑死者の臨終心状　上』の「まえがき」に当たるところをもう一度読んでみよう。そこにはこう記されてある。

「本記録は（中略）教誨師故田中一雄師が記録されたるものにして、同師逝去前に之が保管を原胤昭氏に託され、大正十三年十二月八日、日本犯罪学会例会に於て同氏より参考資料として日本犯罪学会に寄贈されたるものなり」

原は大震災から一年三カ月後の一九二四（大正一三）年一二月八日の日本犯罪学会例会で手記の存在と内容を明らかにし、同学会に寄贈した。原は大震災時に「保護カード」以外は救えなかったと受け取れるように書いているのだから、田中から手記を渡された時期は大震災以後としか考えられない。「まえがき」から推すと、田中の亡くなった時期は大震災から一九二四年一二月七日までのあいだと思われる。

それでもわたしは、もしかして田中が関東大震災の前に原に手記を渡した可能性はないのだろうかと、二〇二一年夏に原研究の第一人者である片岡優子氏に田中が手記を託した時期や、その経緯を問い合わせた。

片岡氏は、田中一雄については初めて知ったとのことで、残念ながら原との接点も交点もご存じではなかった。また、関東大震災では「保護カード」のほかは一切焼失したという返事をいただいた。

うーん、やはり原は本人が書いているとおり大震災ですべてを焼失し、「保護カード」(「ケース記録」)だけを救ったのか。原が関東大震災の前に田中の手記を託されている可能性はなくなった。そうすると田中が原に手記を渡した時期をもう少し狭めていくと、原が保護事業を再開したことを『法律新聞』で公にした第二十七年報以降、つまり関東大震災から約五カ月後の一九二四年二月以降だろう。この推測から田中は二四年二月から一二月七日までのあいだに原に手記を渡し、その後に亡くなったと見ていいだろう。それでも田中と原の関係や、原に託した経緯は謎のままである。

原が手記を渡されるまで田中を知らずとも、田中は出獄人保護事業で知られた原については、面識はなくても知っていただろう。監獄関係の雑誌への寄稿も読んでいただろう。しかしそれだけで田中が全エネルギーをつぎこんで書きつづけた貴重な、しかも極秘の手記を原に託すだろうか。

念のためにわたしは田中が監獄関係の『大日本監獄協会雑誌』『監獄雑誌』に書いた九本の原稿を読み返してみたが、原に触れた文章はなかった。監獄外の雑誌に寄稿した田中のエッセイなどについては、少年時代の思い出を含めた興味深い文章はいくつかあるが、原については名前すら書かれていなかった。

原は一九一三（大正二）年七月に創設された日本犯罪学会の当初からの会員だった。一四年一月発行の同学会の最初の年報の末尾に「新入会員」として「神田区元柳原町　原　胤昭君」とある。「大逆事件」の中心弁護人だった今村力三郎の名も見える。同年一二月発行の学会年報には秋水らの刑死直前の様子を伝えた市場学而郎が入会したと記載されている。田中一雄の名は同学会の会員名には見当たらなかった。原と田中は同学会を通じての知り合いではなかったと思われる。しかし二人の接点や交点がどこにもないとは考えられない。田中が原に手記を渡した時期と、二人の関係を知る手がかりが宙にさまよってしまったようだった。

大震災時、田中は教誨師を退職して一一年たっていたが、教誨師時代と同じところに住んでいたならば、次章で触れるように台東区上野の不忍池《しのばずのいけ》近くに住んでいたはずだ。あたりも激震と火災で大きな被害が出たが、不忍池周辺は比較的地盤が固く、他の下町地区に比べるとそれほど大きな被害はなかったと、訪ね歩いたいくつかの古い寺院の僧侶から教えられた。

田中は助かったが、激しく揺れる大地と猛火に遭遇してもなお手記を手ばなさず、篋底《きょうてい》にも仕舞わず、処分もしなかった。「大逆事件」の死刑囚について、追記すると書いていたように未完成だった手記をどうするか迷ったにちがいない。田中が明日のない死刑囚に「生き直し」ができるという信念で教誨をしたことは見たとおりである。理不尽、不条理な死刑制度の実態を記してきたのはそのためだったろう。それを何とか世に残し、後世に伝えたい、死刑について考えてもらいたい。それが田中の愚直なまでの執念だったのではないか。そう思うと田中の熱い想いに心揺すぶられる。

だが、死刑囚の個人情報が記されてある極秘の手記を元教誨師が自ら明らかにすれば、大きな批判に晒される危うさがあった。そのためには信頼できる人物に託すしかない。そこで田中は同じ教誨師として面識はなかったが、限りなく敬していただろう原を信じ、貴重な手記を託した。原は田中の念《おも》いに応えた——。わたしは田中が原に手記を託した時期や二人の関係がはっきりつかめないままそう推測したのだった。[80]

手記は地震の前に託されていた

ところが、こうしたわたしの推測などを大きく書き換えねばならない意外な事実がわかった。

去年（二〇二二年）六月、法政大学ボアソナード記念現代法研究所「森長文庫」に所蔵されている日本犯罪学会の一九二五（大正一四）年一月二〇日に発行された学会報の目次を見ていたところ、えっと思うタイトルが目に留まった。[81] そこには「刑死者の臨終心状　原胤昭」とあるではないか。急いで頁をくった。「田中教誨師の手記」の小見出しが付けられた全文四頁の短い文章である。末尾に「於十二月講演抄」とあった。原が一九二四年一二月八日の日本犯罪学会例会で田中の手記の存在とその中身を明らかにした講演記録だった。「抄」となっているから講演はもっと長かったろう。わたしは一気に講演抄を読んだ。原は講演の冒頭でこう語っていた。

> 私は**七、八年前**、教誨師田中一雄氏から**一冊の手記を貰った**。田中氏は鍛冶橋監獄未決監、市ヶ谷監獄等に、長い間教誨師として勤め、重罪犯人の教化に一生をささげた人である。**死なれる少し前**に「何かの参考になるならば望外の幸である」といって其の**手記を私の手許へ持って来た**。見ると、明治三十三年から四十四年に亘って、氏が直接立ち会った死刑囚百名に関し、犯罪の動機、犯罪の大体、犯人の性格、死刑執行当時の模様、など詳しく認めてある。記述の不十分なところも見うけるが、大体、これを通覧すると、死刑囚

に関するいろいろな研究資料となり得るもので、得易からざる記録である。（太字は引用者。以下同）

うーん。そうだったのか。原は田中の手記を受け取ったのが七、八年前だったと語っている。講演は一九二四年一二月だから原は一九一六、七年（大正五年か六年）ごろに田中から手記を渡されていたことになる。そうすると関東大震災時には、原の手許にはすでに田中の手記があったのだ。原が手記を「貰った」時期について「七、八年前」と、学会の例会で語っているのは記憶ちがいとは思えないし、故意に時を遡らせる必要もない。

とすれば原は、「保護カード」と一緒に大震災から手記も救ったのだ。あるいは別のところに保管していたかもしれないが、そうであれば手記を救ったドラマを紹介しているだろう。いずれにしても原は関東大震災時に、何より大切だった「保護カード」とともに田中の手記も守ったのである。

講演で原は、田中の手記を「一冊」と語っているが、各死刑囚のさまざまなことを書きこんだ、教誨原簿を基本にして綴ったものを一冊にした簿冊のようなものだったのではないか。ならば震災時に大切な「保護カード」とともに持ち出せただろう。

原は、田中の手記の内容をかなり細かく分析し、分類し、死刑囚の犯罪の性向を男女別に比較した統計結果まで講演で語っている。手記は一〇〇人を超える死刑囚についての記述であり、原はそれをじっくり読みこみ、分析していたのだ。出獄人保護事業の合間を縫ってのこうした手間のかかる作業にはかなりの日時を要したはずである。原は犯罪学の専門家ではない、と断わりながらも長く犯罪者と接してきただけに田中の手記を丁寧に読み、分析し、その結果貴重だと判断し、「記述の不十分なところ」もあるとまで指摘しつつ、学会の例会で報告した。

わたしは原が田中の手記を丹念に読解しているとは気づかず、渡された手記をそれほど時日を経ずして、学会の例会で発表したと思っていた。関東大震災時に「保護カード」だけを救ったという原の語りから、田中が手記を原に託した時期を震災後と判断し、ざっと見ただけで一年後の例会で明らかにしたのだろうと思いこんでいたのである。

わたしは原の「七、八年前」に驚きながらも、原が田中の手記に向き合った誠実さに名状し難いほど胸が熱くなった。監獄改良と出獄人保護に生涯を尽くした原の生き方の一端に触れたように思った。原を敬していただろう田中の眼は確かだった。原は手記を現在に残した、キーパースンというより決定的な人物だったのだ。

原の講演には、わたしのこれまでの推測を裏付ける事実も語られていた。原は、講演の冒頭で田中が手記を「手許へ持って来た」と語っている。田中は退職して四年ないし五年たった一九一六年か一七年に、原の自宅でもあった神田元柳原の出獄人保護所を訪れ、厳秘に属する貴重な手記の原簿一冊を参考になればと提供（呈上）した。二人の間柄が相当親密だったことをうかがわせるのに十分ではないか。じっさい、そのことを原は講演の最後でさりげなく語っていた。死刑囚の犯罪の種類や教誨への態度を分析、分類した結果を報告したあと、原は「田中氏は、教誨師として、死刑反対論者である」と紹介し、次のように語って講演を締めくくっている。

「田中氏の手記は犯罪学研究者には、生きた絶好の材料となるものである。私は、ただ、**生前氏と懇意にしていた**為、此の手記を預かっただけで、此の方面に関しては専門家ではない故、これに対し十分の学術的考察を加える能力をもたないのを遺憾とする。従って、今は、其の記録に現れた一部分を発表したのに止まっている」

ウム、やはり二人は「懇意」だったのだ。教誨師として生涯をかけるように綴った手記を丸ごと託した田中、託された原の二人の関係はゴチックで記していいほど濃かったといっても過言ではない。手記が残った陰には、田中と原のあいだの知られざるドラマがあったと考えていいだろう。では田中一雄と原胤昭はいつ、どこで、どういうきっかけで知り合うことになったのか。それを明かす資料などは見つかっていない。

田中はなぜ原に手記を託したのだろう。もちろん親しかっただけで託しはしまい。犯罪学研究に役立ててほしいという思いはあっただろう。それだけだろうか。何といっても手記全体に太く流れている「死刑須らく廃すべし」という死刑制度への強い疑い、批判を教誨師として伝えたい――これが最も訴えたかったことだったはずである。それには原以上の適任者はいないと、田中は確信した。これについてはわたしの推測を大きく改める必要はなさそうだ。

原の講演では触れられていないのが田中の亡くなった時期である。田中が原に手記を渡したのは退職して四、五年で、その時期は田中の亡くなる「少し前」だったと、原は語っている。田中は、当時かなりの高齢に達していたか、あるいは重い病で死期が近いと覚悟し、生涯をかけた手記を「遺書」のような思いで原に託した。原に手記を渡す際に田中は「発表は私の死後にしていただきたい」と頼んだとわたしは想像している。

そうすると、田中は関東大震災の数年前、早ければ一九一七年、遅くも一九一九年に亡くなっていたと考えられる。そのころ、第一次世界大戦中に発生したスペイン風邪のパンデミックによって日本でも一九一八年から二一年の約三年間で三八万八〇〇〇人を超える死者が出ていた。[82]当時、原は六〇歳を超えていたが、田中は原と同世代かいくらか年長だったかもしれない。

田中の「遺書」のような貴重な手記は、こうして原が守り、保管と分析によってその存在と貴重さが明らかにされ、一九二五年三月に日本犯罪学会が『故田中一雄手記　死刑囚の記録上・下』と題して印刷・頒布し、田中一雄の執念は死後に結実した。ただ矯正図書館に同じ内容でタイトルの異なる『故田中一雄手記　刑死者の臨終心状』の存在がわかり、なぜほとんど同じ手記が二種印刷されたのか、どちらが先だったのかと訝しく思っていたが、原が最初の手記の存在を明かした講演のタイトルがズバリ「刑死者の臨終心状」となっていたことで、その謎は解けた。それでも印刷・頒布に至る経緯や時期を曖昧にし、タイトルを変更して改めて印刷・頒布した理由は依然としてわからない。

原の講演抄録を掲載した日本犯罪学会の会報には、第二章で触れた市場学而郎が沼波政憲から聞き出した「大逆事件」刑死者の執行寸前の様子を報告した「市場報告」も掲載されている。「大逆事件」にも死刑制度にも関心を持ち、田中一雄に関心を抱いていただろう森長英三郎は、手記が今日に残されることになった経緯を明かした原の講演録をどう読んだだろうか。市場の報告には森長の書きこみが数ヵ所あったが、原の講演録には何も書かれていなかった。

田中一雄の稀有な手記は出獄人保護事業に生涯を捧げてきた原胤昭という類まれな人物に出会って、「遺書」のように託されて今日に残った。

田中一雄は手記をなぜ書き残し、原に託してまで公にしたのか。まだ謎は尽きない。それは、霧がかかったままの田中の前史にどこまで迫れるかにかかっている。田中を追う旅をもう少しつづけよう。

第四章

手記を生んだ原風景

――「田中一雄」の件ですが、一点、これではないかと思われる人物が出てきました。資料の『斗南《となみ》藩史』にある「田中一夫」です。この資料によれば、田中一夫は、旧藩時代、医師百崎《ももさき》養軒と名乗っていたようです。

当時、名前の表現は、音をもとにして表現していたようで、たとえば、「只三郎」と「唯三郎」の両用は当たり前のことだったようです。江戸期、藩政文書の作成は、一人が読み、一人が筆記するシステムだったため生じたようです。従って、此の「一夫」は「一雄」本人の蓋然性がかなり高いと思います。

思いもよらなかった。田中一雄が「田中一夫」で、「百崎養軒」という医者だった……。さらにそれにつづく一文には呆然とした。

「また、（田中は）贋札製造行使の罪で、当局から追われる立場だったようです」

印字された文字からわたしは、しばらく目を離すことができなかった。

二〇二一年九月一三日、幕末維新期の厖大な会津藩士名を収録した『幕末維新 会津藩士名鑑』の編著者の加藤隆士氏からいただいた手紙に驚きつつ、しかし捉え切れなかった田中一雄が一瞬、ぴたっと止まって結像したような気がした。

田中は貴重な手記をなぜ書き残したのか、その思いはどこにあったのか。それを知るには教誨師になるまでの田中の軌跡、つまり出自や生い立ちを含んだ前史を尋ねるほかないと思ったわたしは、「大逆事件」で刑死した管野須賀子の「死出の道艸」に加筆補正をほどこした田中の手記にその手がかりを求めた。「死出の道艸」と田中の加筆補正は、時の砂の堆積によって埋もれていた田中の前史にかすかな光を当てただけではないように思えたからだ。

須賀子を教誨した折りに、田中はほんのわずかだが、自己の前史を語った。須賀子の獄中日記に手を入れた意図は正確にはわからないが、会津藩士だった田中が戊辰戦争の際に捕まり、死刑を覚悟したが、刑場へ連れられてゆく途中で危うく助かって生還したという劇的な体験話は、教誨師への道や死刑囚への接し方にも大きな影響を与えたのではないかと想像できた。田中の前史のエポックになるその出来事にこそ手記を残した謎を解くカギがあるかもしれない。

しかしじっさい、田中は旧会津藩士だったのだろうか。

監獄が司法省の所管になって以後の司法省職員録（いずれも各年五月一日現在）に田中一雄の

名が登載されているのは一九〇五（明治三八）年から退職する一二（明治四五）年までで、「教誨師　教務所長　奏任待遇」のほかは何も記されていない。

大日本監獄協会が最初の全国の監獄職員録「監獄吏職員録」を『大日本監獄協会雑誌』の附録として発行したのは、前章で見たように一八九五（明治二八）年一二月で、そこには役職、所属宗派、俸給のほかに出身地、身分、官舎住まいの有無も記されてあった。田中の身分は「士」、出身は「東京府」、そして官舎住まいは「無」となっている。田中は明治維新後の族称の一つである士族で、たしかに旧武士階級出身だった。官舎住まいではなかったが、出身地は「東京府」となっている。会津藩士だったと田中は須賀子に話し、手記にもそう記しているが、職員録には田中の出身地は福島県となっていなかった。

最初の職員録から一六年後の一九一一（明治四四）年一月一日、監獄協会（大日本監獄協会の後身）は植民地を含めた帝国日本の全監獄の職員録を発行しているが、そこでも田中については職名、待遇、俸給、出身地しか記載されておらず、「東京」出身となっていた。

田中が旧武士階級の出であることはわかったが、出身地が「東京」になっているので、会津藩士だったかどうかについては数多くある維新期の藩士名簿に当たらねばならない。会津藩士は三〇〇〇～四〇〇〇家に上るといわれ、そのうち最もくわしいとされているのが『要略会津

藩諸士系譜　上・下』[83]で、約一〇〇〇家の諸士系譜が収載されている。同書に掲載されてあった一一の田中氏の系譜にはしかし、田中一雄の名は見当たらなかった。

幕末維新期の人名辞典・事典は少なくないが、それらにも田中一雄につながりそうな「田中」は見当たらなかった。そこで会津藩に関しては最も多くの史・資料を所蔵している会津若松市立会津図書館[84]の協力を得て調べたがやはり、田中一雄につながる「田中」は発見できなかった。諦めかけたところ、一九一二（明治四五）年四月に創立された会津会発行の一九一〇年四月現在の『会津人々名録』があり、そこに「田中一雄」が載っていると同図書館から教えられた。人名録にはこうあった。

「下谷区池ノ端七軒町二九　官吏　田中一雄」

田中は司法省職員だったから、むろん官吏である。監獄職員録と会津会の人名録をつき合わせると、田中はたしかに旧会津藩士だったのだ。田中は一九一〇年当時、上野・不忍池の西北側の東京市下谷《したや》区池ノ端七軒町二九（現・台東区池之端二丁目）に住んでいたのである。わたしの頭のなかのカメラは、たとえば春の陽射しを背に受けて、夏目漱石の『虞美人草』の舞台にもなった不忍池の畔《ほとり》を歩いている僧衣姿の教誨師田中一雄を、やや甘いピントだったがようやくとらえた。だが――。

田中が退職する直前の一九一二（大正元）年一〇月調べの「会津人々名簿」（会津会発行）にも田中は一〇年四月と同じように掲載されていた。田中はしかし、会津会の会員ではなかった。人名簿の凡例に会津会会員に付されている「＊」の印が田中にはなかったからである。田中が退職後の一九一三（大正二）年一二月調べの「会津人々名簿」では、住所は前年と同じ池ノ端七軒町になっていたが、職業欄は空欄であった。この名簿の凡例を読むと、名簿の掲載は本人から会津会事務所（当時、小石川区小日向《こびなた》第六天町八の松平子爵邸内）への申し出によっていたようで田中も自ら会津会に申し出たのだろうが、会員になるほど会津にはこだわりはなかったのか、あるいは会津への思いが希薄だったのか。ちなみに同じ会津出身で東京監獄では田中の上司だった藤澤正啓は、一九一三（大正二）年に巣鴨監獄を退官後、松平家の顧問をしている。鍛冶橋監獄、東京監獄で一〇年間、藤澤と一緒だった田中は手記のなかで再三藤澤について触れているが、藤澤が田中のことを語った文章などはない。

会津図書館の調べではしかし、一九一四年以後の会津会の人名簿には田中の名は記載されておらず、ふっと消えてしまった。その二年か三年後の一九一六年か一七年に田中は手記を持って原胤昭の前に現れたのである。

田中一雄は須賀子に語ったように、たしかに会津藩士だったことはわかったが、依然として出自などはわからず、戊辰戦争の際に捕まって死刑を覚悟しなければならないような事件がはたして、田中が手記で書いているように一八七二（明治五）年ごろにあったかどうかもつかめなかった。姿が近づいたように思った田中がまた遠くへ行ってしまった。

そんなとき、会津図書館から教えられたのが幕末維新期の一万人を超える会津藩士名とその来歴などを収載している加藤隆士氏の『幕末維新　会津藩士名鑑』（二〇一七年）だった。同書にも田中一雄の名は見当たらなかったが、加藤氏は何かご存じかもしれないと、田中一雄の出自だけでなく、戊辰戦争に関係して一八七二年に大きな事件があったのかなどについて問い合わせたのだった。

『幕末維新　会津藩士名鑑』には、一八五八（安政五）年から九〇（明治二三）年の三二年間に生きた一万四三〇〇余人の会津藩士名が収録されている、六〇〇頁近い浩瀚な書である。同書の「おわりに」のところで加藤氏は、幕末維新期の会津藩士の上・中士クラスについての事績などは伝わっているが、「下士クラスの無名の人々の事績はまったく知られていない」「歴史から捨象された無名の会津藩士の動向を描けないかと思った」と、同書に取り組んだ思いを記していた。そこにわたしは期待した。奥付の加藤氏の略歴には、国史学専攻で某大手出版社の編集者を定年までつとめたと記されてあった。後日教えられたのだが、加藤氏の母方が会津出身で、二〇〇九年に退職してからほぼ一〇年かけて調査をつづけて同書を自費で出版したという。

田中一雄は「田中一夫」で「百崎養軒」を名乗っていた医者で、贋金札製造・行使にかかわり、当局に追われていた——。加藤氏は手紙のなかでこう記したあと、田中一雄の名が旧藩時代の藩士名簿や分限帳に現れてこないのは、「百崎養軒」と称していたことと、当時は死刑の極刑だった贋金札製造・行使に関与していたからではないかという説明を書き添えていた。それを裏づける資料として『斗南藩史』[85]の該当箇所のコピーとその書に引用されていた史料も添付されていた。

一八六八（慶応四）年一月の鳥羽・伏見の戦いからはじまった戊辰戦争で、薩長中心の新政府とぶつかった会津藩（藩主松平容保《かたもり》）は約一カ月の籠城戦の果てに同年九月に降伏、若松城（鶴ヶ城）を明け渡した。それから「朝敵」「賊軍」などと白眼視されるなかで新政府は籠城藩士らを猪苗代に、城外の藩士らを米沢街道の宿場町の塩川村（現・喜多方市塩川町）の農家などに謹慎させ、さらに藩士らは翌六九（明治二）年一月から東京と新潟・高田へ移送され、その地で再び謹慎生活を強いられた。

いっぽう生計の道を失った藩士の三五九一家族、一万三三五七人は会津藩降伏直後の一八六八（明治元）年一〇月に新政府の設けた民政局（翌年若松県になる）の扶助で、三五二カ村の農家で暮らすことになった。民政局は若松の中心部などに生産局のほか一四局のセクションを設け、最大の生産局の周辺では一〇〇〇を超える家族が機織りや養蚕などの作業に従事したというが、くわしい実態は現在もわからないという。[86]

その後、六九年一一月に太政官から松平容保の子容大《かたはる》に家督相続が認められた松平家は、下北半島を中心とする北奥の地の支配を命じられ――その地を斗南と称した――斗南藩を創設した。東京、高田に謹慎させられていた旧藩士と会津に残されていた家族ら合わせて約一万七三〇〇人（行方不明者を除くと実数は一万四〇〇〇人ほどといわれる）が斗南へ追われるように移住して行ったのは、七〇（明治三）年四月から一〇月にかけてであった。

斗南の地は本州でも気候の厳しさは特別で、しかも荒涼、不毛の地だった。領地はわずか三万石（『会津戊辰戦史　二』によれば実質は七〇〇〇石ほどだった）で、かつての会津藩二三万石とは比べようもなかった。旧藩士や家族らは斗南の痩せた領地で悲惨な生活を強いられ、幾多の悲劇が起きている。

「旧松平家文書　一二・一七」（会津図書館所蔵）などによると、斗南移住の際には先行き不安から一〇〇〇人を超える行方不明者が出たと記録され、東京の謹慎者からは脱走者も少なくなかった。ディアスポラのような離散家族も相次いだ。斗南藩は一八七一（明治四）年七月の廃藩置県で、斗南県を経てすぐに弘前県に合併されて二年足らずで消えた、うたかたのような藩だった。

幕末維新期に打ちつづいた内戦による戦費不足などで贋金札製造・行使は全国の各藩で横行したが、とくに会津では若松県（一八六九—七六年）になってからは、偽造通貨製造・行使の巣窟といわれたほどだった。[87] また「会津ヤーヤー一揆」と呼ばれる「世直し」農民一揆が会津藩の瓦解後すぐに各地で起きているが、いずれも戦乱や藩の崩壊による生活の混乱、戦争による疲弊と収奪に対する農民の不満などが重なったためであった。田中一雄が農民一揆に関与していた形跡はないが、加藤氏が推測しているように贋金札製造・行使へのかかわりはどうだろう。

通貨の偽造や行使は流通経済の根幹を揺るがし、開国した新政府の外交にもかかわる大問題だった。そのため取締りは厳重で、かかわった人びとは追われた。会津の場合、主謀者が若松県から追われて斗南へ逃げたケースや、逆に斗南から追われて会津へ戻った例もあった。

ある調査研究によると一八七〇（明治三）年から七三年までの四年で、若松県下で流刑以上の処罰を受けた犯罪者は一八六人に上り、このうち贋金札関係者が約六八％の一二六人だった。七〇年の贋金札関係の処罰者では五人が梟首、四五人が斬首、四九人が流罪という重い刑を受けている。翌七一年になると贋金札関係の処罰者は二〇人と激減した。田中が死刑になりかかったという七二年はわずか五人、そして七三年は一人だった。[88]

贋金札製造・行使事件で流刑以上の処罰者の出身階層別では、一八七〇年には一〇〇人中旧武士は五人、農民が最も多く五二人である。七一年は旧武士二人、農民一八人で、七二年になると旧武士はゼロで、農民と商業者を合わせて五人だった。この研究データは士族よりも旧農民層が時代の激変に対応できなかった状況を語っているが、これは若松県に限った件数で、通貨偽造事件は斗南も含めて広い範囲で発生し、一八七二年ごろまでつづいている。

田中一雄は手記のなかで捕まって死刑を覚悟したと記しているが、その内容については具体的には何も語っていない。捕まって死刑を覚悟するのはただならぬ事件である。戊辰戦争の最後の榎本武揚の箱館五稜郭の戦は一八六九年五月に終わっており、田中が捕まったという七二年には戊辰戦争に絡んだ大きな事件は起きていない。したがって戊辰戦争に起因して死刑になるような事件は、会津や斗南藩地域で数年つづいた贋金札製造・行使事件しか考えられないというのが加藤氏の推測だった。

『斗南藩史』は移住させられた旧会津藩士らの苦闘の生活史で、そのなかで贋金札製造・行使犯人の手配のことがある郷土史を使って記述されている。この史料は、青森県下北郡大畑町（現・むつ市）の郷土史家、笹沢魯羊の『宇曽利百話[89]』である。

同書は「贋札犯人処刑」の小見出しをつけた箇所で、一八七一年八月二六日に若松県で贋札製造にかかわり、斗南藩領内に逃れてきた六人が捕まり、うち五人が斬首されたことを記し、その末尾で一人の逃亡者について触れている。『斗南藩史』の著者は処刑された五人は会津藩士らしく潔かったが、「会津人士」の「風上にも置けない」逃げた旧藩士がいたと、ざらついた表現で批判的に記している。しかし贋金札製造・行使は時代の激変がもたらした社会的・経済的事件で、やむを得なかった面もあった。

会津魂に悖《もと》る、逃げた旧藩士は笹沢によれば、「田中」のようである。

「百崎寅次郎事田中一夫は行方を晦まして、後年司法省から厳重調査方を来っている」と記したあと笹沢は、一八七三（明治六）年一一月一五日付の文書を史料として紹介している。これは、司法省からの手配に対する報告文のようだが、史料の出典が明記されておらず、報告者がだれなのかも不明である。廃藩置県後で、この史料に記されている年月一八七三年一一月には、斗南藩もその後の斗南県もすでにない。そこでわたしは青森県立図書館の参考・郷土室に問い合わせたところ、むつ市にある笹沢魯羊の資料室を教えられた。だが資料室では、笹沢が『宇曽利百話』に引用している史料は発見できなかった。わたしの調査が不十分なのかもしれないが、国立公文書館や会津図書館などでも笹沢の引用している史料は確認できなかった。ただ創作史料とも考え難いので、その要旨を概略紹介したい。


田中一夫は、百崎養軒と称した元会津藩医で、幼名は寅次郎という。

田中一夫は、会津藩の降伏後、謹慎していた塩川村を六九年四月に脱走したが、かかわった通貨偽造事件が露顕し、田中舜七郎と改名し、各地をさまよった末に、陸奥北郡内の関根村の神社内に隠れていた。その後東京へ行き、洋学を学んだ。

田中は東京・芝区宇田川町にいた母の平出ゆき方に籍を移し、その旨を新橋の斗南県出張所へ届け出た。

史料の末尾には、姉・平出みゑも宇田川町の母と一緒に暮らしていたとうかがえる一文も記されてある。

「田中一夫」は「百崎養軒」と称した旧会津藩医で、鶴ヶ城落城後に謹慎地の塩川村を一八六九年四月に脱走し、通貨偽造にかかわり、それがバレて「田中舜七郎」と改名し、陸奥など各地を遍歴して東京へ行き、「洋学」を学んだ。その後「田中」は東京市芝区宇田川町（現港区浜松町近辺）に住む母と姉と暮らした――。笹沢が引用している史料の要旨である。しかし田中の母が「平出」姓など、この史料はとてもわかり難いところが多い。

加藤氏は『斗南藩史』を『宇曽利百話』が引用する史料にもとづいて、田中一雄は「田中一夫」であり、藩医の「百崎養軒」の蓋然性が高く、贋金札事件で追われていたと推測するのだった。そうであれば田中が手記の「日記の写し」で書いた、戊辰戦争の際に捕まり死刑を覚悟した事件とは、贋金札製造・行使だった可能性は高い、といえるかもしれない。

国立公文書館所蔵の史料中に一八七〇（明治三）年八月二七日付で贋金札製造・行使で手配された九三人の名前の記された若松県から政府宛の文書がある。そこに「百崎養軒」と思われる名が記載されてあった[90]。

笹沢魯羊の引用史料中に、東京へ出て洋学修業とあったところに注目した加藤氏は、さらに推測をふくらませる。

「（田中は）上京後、当局に出頭し、刑に服したのち、教誨師になったということであれば、キリスト教関係の学校に入ったのかもしれません」

田中一雄は一八八〇年代初めに大成教を創設した平山省斎についた神道者だったが、キリスト教への理解や聖書をかなり読んでいたことは、前章で触れた監獄関係の雑誌に書いた文章からも十分うかがえたから、加藤氏がいうように死刑から生還後の一時期、キリスト教の勉強をした可能性もある。とするなら、田中は懇意だったクリスチャンの原胤昭に、より親近感を抱いてつき合っていたかもしれない。

加藤氏からはまた、「百崎養軒」がどのような藩医だったかを説明する三点のコピー史料も送られてきた。

一つは「百崎養軒」が五人扶持《ぶち》の外科医であったことを示す「松平容保君御家来記」（会津図書館所蔵）の写しで、「百崎」は戊辰戦争時には「諸隊付の医師だったのかもしれません」というのが加藤氏のコメントだった。

二つ目の史料は「百崎養軒」の家族が若松に設けられた生産局にいたことを示す史料「旧藩御扶助被下候惣人別」である。そこには「百崎養軒　二人」とある。「百崎養軒」の家族が二人、生産局にいたのである。

「百崎養軒」と田中一雄が同一人物であれば、この史料にある「百崎養軒　二人」は、あとで触れる田中の文章から、田中の母と姉ではないかと思われる。

三つ目の史料は、一八六九年一月に東京に送られた藩士の「東京謹慎人別」（会津図書館所蔵）で、そこに「百崎養軒」の名が記されていた。とすると、「百崎養軒」は前述の笹沢魯羊紹介の史料にある謹慎地の塩川から脱走して、通貨偽造にかかわったというのとは食い違う。これは笹沢引用の史料の曖昧さのせいかもしれない。

加藤氏の「蓋然性が高い」推測といくつかの史料、それに田中の手記を重ねてみると、見えなかった田中の前史が、ぼんやりとだが見えてきたようだ。しかし——。

生い立ちの一コマ

田中の手記や、監獄関係の雑誌に寄稿した文章からは、かつて医者だったことをうかがわせるような記述はまったくない。戊辰戦争の影もない。通貨偽造はもちろん、会津藩や斗南藩のことも、またどこかで謹慎していた様子についての語りもない。須賀子が「会津藩士だった」と獄中日記に書き、田中が手記で加筆補正をしていなければ、田中が会津出身で、戊辰戦争の際に死刑を覚悟したような事件に遭遇していたことさえわからなかった。それほど田中は意識的、あるいは意図的に生い立ちも含めて自己の前史を篋底に秘した。田中のこの謎めいた生き方は、加藤氏の推測を「事実」に近づける。

それでも田中が思わず出自や家族の身辺に触れた、切片のような文章がいくつかある。わたしが気づいたのは手記で二ヵ所、監獄関係の雑誌で一ヵ所だった。

遊蕩費欲しさのために殺人を犯した東京・南多摩郡出身の青年が一九〇〇年三月一七日に死刑に処せられたあと、田中は青年の遺骨を「余が菩提所に引取り、埋葬せんと欲するも」、事情があって果たせなかったと手記で記している（第一章三一頁）。「余が菩提所」とは、「田中家」の墓所であろう。「余が菩提所」に埋葬できなかったのは、それが遠い会津にあったからだろうか。それとも菩提寺は東京府内だが、何かさしさわりのある事情があったのか。「余が菩提所」といっても死刑囚の遺骨であるから、菩提寺の了解が得られなかったか、あるいは身内が反対したとも考えられる。いずれにしても田中一雄の菩提寺は会津か東京、あるいは東京近辺にあった。そんなことを思わせる記述である。

田中の一九〇三年当時の家族環境を想像させる記述が手記に一ヵ所だけある。長野県出身で情欲殺人を犯した男が刑死して間もなく、家族の許に本人から届いた遺言に驚いて東京監獄にかけつけた、乳飲み子を抱えた若い妻についての挿話である（第一章四六頁）。〇三年三月二一日のことで、田中は遠くから来た母子にとても同情し、自宅に一泊させたと誌している。田中が自宅について触れているのはここだけである。住まいは池ノ端七軒町だったのだろうか。

乳飲み子と一緒とはいえ、二四、五歳の若い女性を泊めるのだから、田中には家族がいたのではないかと思わせる。その家族とは、笹沢魯羊が『宇曽利百話』で引用している史料に記されていた、母と姉ではないだろうか。そのときの母たちの住まいは、芝区宇田川町である。しかしこれは田中がまだ教誨師になる前の居所で、若い母子を泊めたのはやはり池之端ではないか。

この出来事の五年前の一八九八年一一月号の『監獄雑誌』に寄稿した「教誨管見」の書き出しのところで田中は、幼いころは父母や周囲の教えなどに従わずに我がままに生きてきたが、「慈母や慈姉の保護」によって今日があるとしみじみ記している（第三章一三八頁）。田中にとって母と姉の存在がかなり大きかったことをうかがわせるが、なぜか父の姿は見えない。とはいえこれらはいずれもこぼれ落ちた話の切れ端である。

田中が監獄外の雑誌や書籍に書いた文章は、一九〇八（明治四一）年一一月から退職寸前の一二（明治四五）年六月までに八本ある。うち六本は監獄教誨師としてのエッセイと、やや道徳的な犯罪者観の小論だった。他の二本のうち一本は一九〇八年出版の単行本『信仰之機縁鼇頭《ごうとう》・観察と実験』（進藤正直編　弘城館）に収められている「酒飲む可《べ》からす」である。これは断片ではなく、田中の生い立ちや少年のころの家族の風景が影絵のように浮かび上がってくる唯一の、それゆえとても貴重な文章である。冒頭を少し長いが読んでみよう。

余は不幸にして八歳の時、父に別れたり。余が父は非常の大酒家にて、三十六歳の冬十一月三日酒毒のため脳充血にて没せられたるが、死する前余が六、七歳の頃は午飯の時より冷酒を飲み夜は十時に至る事あり。三食は用いられず、唯冷酒を飲むも魚類などは更に用いる事なし。唯漬物二三切れに過ぎず、故に酒毒のため身体肥満し酒腹に充たざれば、手振るう事あり。余が母や姉や家族等は心痛極まりなく、どうかして酒を休《や》めさせんと諫《かん》言《げん》もし、或いは散歩を勧め運動をなさしめ、種々の手段を尽くされたるも、父は依然として酒を休め給わず。余も母と共に頻りに諫《いさ》めし事あるも、父は笑いて答えられず。然るに突然、十一月一日の夜より人事不省となられ、一家の驚愕ひと方ならず、医師よ薬よと手を尽くされたれば、二日の午後二、三時頃眼を開かれたるに、母や姉や私や医師や親戚等の囲繞《いじょう》せるを視て、父も一々礼を申され、且つ枕元に在りし菓子を指し、なぜ菓子を食べぬかと問われし故、余は早く食べたく思うも姉上に呵られし故食べざりしと答えしに、父は遠慮に及ばぬ食べよ、父死せば汝は毎日菓子を食う事はなるまじ。父且ついわく。汝は成長の後は良き人となるべし、酒は決して飲む可からず。父は酒の為に死すなりと遺言されしが、二日の夜病革《あらた》まり遂に三日の朝、不起の人となり給えり。余は幼な心に遺言の沁み渉りしか、爾来父の仇として今日まで酒を口に入れし事なし。

このあと田中は酒が原因の犯罪などを延々と語っていくのだが、冒頭のこの文章にはこれまでまったく見えなかった田中の生い立ち、家族環境などが、突然に訪れた父の死を通して物語の一シーンのごとく描かれている。大酒飲みの父が脳充血で倒れ、慌てふためく家族が医者を呼び、薬を求め、母や姉、八歳の少年田中、親戚の人びとが臥せっている父をぐるりと囲んで心配そうに見つめている。少年はおそらく見舞いとして父の枕許に置かれた菓子に手を伸ばしたいが、姉に叱られるのではないかと我慢をしている。と、父は苦しい状態なのに食べろ、父が死んだら食べられなくなるんだからと我が子の我慢を解放する。倒れた原因を知る父は、一雄（一夫）少年に大きくなったら良き人になれ、酒は断じて飲むなと遺言して、二日後に他界する。

子どものころに父を喪った場面を回想しながら、禁酒こそ大事だと訴えているのがこの文章の主題なのだが、それよりも田中の少年時代の家庭や家族の関係がほんの一瞬ではあるが、生き生きと描かれていて、わたしは眼が射抜かれるように読んだ。真っ昼間から大酒を食らう父に母や姉はしきりに止めるように注意し、運動でもすればと勧めるが父はまったく聞く耳を持たない。子どもの田中も母や姉にまじって飲まないで、と訴えるが笑って応じない。現在でもありそうな家族の風景ではないか。田中には自身や家族について触れたこうした文章はほかになく、埋み火が熾《おこ》ったように生い立ちの一コマが語られ、育った家庭の体温が伝わってくる文章である。

田中は父が没して数十年後に回想記としてこの文章を綴っているが、父が亡くなったのは三六歳で、一雄は八歳だった。田中は、父の二八歳のときの子であることはわかるが、子どもにとってとても大きな「事件」だったのに、何年のことだったのかは書かれていない。せめてそれが記されていれば、田中の生年は推定ができただろう。文中の時刻表記を江戸期のそれではなく、「夜は十時」「午後二、三時」と、太陽暦の採用による二四時間制で書いているほど気遣いのある文章なのにと思ってしまう。父が倒れたのは、おそらく会津の自宅のようだがはっきりしない。真っ昼間から大酒を飲める父は、いったい何をしていたのだろうか。医師の気配は感じられない。

父の突然の病で取りこんだ家庭の風景には、だが戊辰戦争の影はない。それが迫っている気配も感じられない。それゆえにおそらく父の突然の死は、戊辰戦争のかなり前の「事件」だったと思われる。そこから田中一雄の生まれた時代は推定できそうではある。

「酒飲む可からす」には家族の姿は見えるが、そこには母と姉しかいない。この母と姉が、前述の『監獄雑誌』の「教誨管見」に書かれてある「慈母や慈姉の保護」への感謝の一文と重なる。田中は父の死後、母と姉に慈しみ育てられてきたのだ。

「酒飲む可からす」と「教誨管見」に、加藤氏から送られてきた史料「旧藩御扶助被下候惣人別」を重ねてみる。そこに記されてある、会津藩崩壊後に新政府の民政局によって設けられた、生産局の「百崎養軒」の家族二人とは、田中（百崎）の母と姉ではないだろうか。出典は不明だが、笹沢魯羊の引用史料に記されてある東京市芝区宇田川町に住んでいた母と姉とも重なる。追われていた「百崎」は東京に出て母と姉に再会し、捕縛されて死刑から解放後に一緒に暮らすようになった。刑死した夫のことで東京監獄を訪れた長野から来た母子を泊めたのは、田中に妻や子どもの姿がまったく見えないこともあるのだが、母――そのころにはすでに没していたとしても――と姉と暮らしていたからではないか。「酒飲む可からす」は田中の意図した主題と離れて、見えなかった田中一雄の家族の姿や関係が浮かび上がり、その後の幕末維新期の激動の歴史を撚《よ》り合わせて想像させるじつに貴重な稿である。

世紀を跨ぎ越した「遺書」

田中は浄土真宗本願寺派に属した僧侶だったと、浄土真宗本願寺派と真宗大谷派が共同編集した『日本監獄教誨史』と『教誨百年』に明記されている。じっさい田中は手記のところどころで門徒であることを語り、それにプライドを持っていたことを十分にうかがわせる。わたしは浄土真宗本願寺派の僧籍簿に田中の履歴などが記録されているはずだと思い、京都の浄土真宗本願寺派社会部の教誨担当部署に調査を依頼した。相当に時間がかかり、紆余曲折もあったが、田中一雄の僧籍は確認できなかった。その理由としては、名字・名前の一部を改姓して得度した場合は、台帳には「田中一雄」は明記されないからだという。田中は得度せずに、親鸞に帰依した真宗門徒で僧侶を名乗っていただけなのだろうか。「明治三六年に本願寺派の僧籍に入った」という『日本監獄教誨史』『教誨百年』の記述の根拠も、教誨担当の浄土真宗本願寺派社会部ではわからないとのことだった。

田中には、監獄外の『成人』という雑誌に退職半年前の一九一二（明治四五）年六月号に寄せた「実蹟」というタイトルの文章がある。一九〇九年に起きた疑獄事件の日本精糖事件に連座し東京監獄に収監されていた政友会の衆議院議員だった栗原亮一の訃に接し、田中が遺族に送った追悼文をまじえた文章である。

大審院で禁錮五カ月の刑が確定した栗原は東京監獄に収監され、無聊《ぶりょう》をかこつ獄中生活を送っていたが、田中の教誨にいたく胸打たれた。栗原は一九一一年三月に死去したが、彼の遺稿中に田中への感謝のことばが記されてあった。田中は栗原の葬儀に参列できなかった。その理由は、「宗祖の六百五十年遠忌のため西京出張中」だったからだと記している。政教分離ではなかった当時は、官吏でも親鸞の遠忌参加に公務出張できたが、京都まで行くのだから田中は紛れもなく篤い親鸞門徒だった。

わたしは去年（二〇二二年）四月、田中が一九一三年まではたしかに住んでいたと思われる、不忍池と東京大学附属病院などに挟まれた台東区池之端二丁目を訪ね、当時からあった五つばかりの寺で高齢の住職らに田中のことを訊いてみた。うち三カ寺は真宗の寺だった。しかしどこで訊いても住職らは首を傾げて「聞いたことはないねえ」。遠く一〇〇年以上前のことだが、ほとんどの寺は数百年の歴史がある。ある寺の若い住職は「その方は、いまでいうフリーランスの僧侶で、教誨師をしていたのではないでしょうか」と、ため息をつくわたしを手助けするようにことばを添えた。たしかに田中は住持住職ではなく、どこかの寺に所属してもいなかった。田中が一九一〇年前後に暮らしていただろう不忍池付近ではわたしが一瞬思い浮かべた真宗僧侶の田中の姿は見えず、その痕跡さえ見当たらなかった。

加藤氏からはその後もわたしの問いに対して、貴重な史料と興味深い情報を合わせた懇切なお便りをいただいた。そのうちの一通には、「田中一夫」は贋金札事件に関係して当局に出頭したか、捕まった時点で「百崎養軒」の名を棄てたと思われる、と書かれてあった。なるほどそうかもしれない。加藤氏の推定にわたしの想像を少し加えて、田中一雄の前史の舞台を回してみる。

「百崎養軒」と称した「田中一夫」は、戊辰戦争とそれにつづく激しい政治的・社会的・経済的な荒波に溺れかかり、捕まり（と田中は語り、書いている）、それが贋金札製造・行使に関係した事件だった可能性はきわめて高く、一八七二年に死刑を覚悟し、刑場へ引き出される際に運良く救われる。じつはこの年一月、松平容保を含めた旧会津藩の主だった重臣らが特旨によって「赦されて」いる。田中が死刑を覚悟したが救われたのは、その影響ではないか。教誨師になるまでの田中は、幕末維新期という激動の時代だったとはいえ、想像以上に波瀾に満ちた前史を背負い、自身が奈落の底に落ちてカタストロフ寸前までいくような道を歩いた――。

死刑からの生還がきっかけで田中は「百崎養軒」を棄て、抱えただろうおぞましい過去を

「清算」し、それゆえ記憶の底に沈め、封印し、新しい生を生きるべく「田中一夫」から田中一雄として生まれ変わった。クライマックスは、覚悟した死刑場からの思わぬ生還というドラマチックで圧倒的な事実である。田中の前史の核心である死刑―生還こそ、田中に監獄教誨師の道を選ばせた。死からの解放によって、人はだれでも「生き直し」ができるという、生身の体験から得た信念が教誨師田中一雄の全身に生きつづけ、たずきになった。それはしかし、田中の記憶にしかない死刑―生還の原風景があったからにちがいない。わたしはそんなふうに想うのである。

加藤氏からはさらに後日、田中が教誨師の道を選んだ背景には戊辰の役の際に、外科の藩医だった影響もあるのではないかという新たな意見をいただいた。

「死刑囚であったということ、加えて、戊辰の役の際、かれは、推測ですが二十歳前後の感受性の強い時期に、外科の藩医として死というものを眼前にしたということ、この二点はかれの教誨師としての生き方を決めたような気がします」

幕末維新期の会津に精通している加藤氏らしい観方だった。

藩士やその家族らは薩長新政府が引きずりこんだような会津戦争によって引き離され、会津だけでなく、東京や新潟で謹慎させられ、その果てに不毛の北奥に移住「処分」され、会津落城から数えると長く過酷な生活を強いられた。むろん難局を力と運で切り拓き、乗り越えて成功し、歴史に名を留めた人物もいるが、一家離散など悲惨な生のなかで果てた元藩士や家族は少なくない。藩士の暮らしを支えていた農民、商人らも内戦による収奪の激化で、生活が破壊され、大混乱に陥った。いつの時代も戦争は、内戦も侵略も関係なく、民衆の日常を壊し、家族を失わせ、生を奪い、狂わせ、混乱させる。田中一雄も加藤氏が指摘するように二十歳前後で、医師として夥《おびただ》しい死に遭遇し、混乱に巻きこまれ、翻弄された。贋金札づくりや使用にかかわらざるを得なかったとすれば、田中は紛れもなく戦争の被害者だった。

こうした会津の幕末維新史などを織りこんで田中一雄がいつごろ生まれ、いつごろ去ったのかを推定してみよう。

「酒飲む可からす」に描かれた少年時代の家族の風景の一コマや史料に書き記された断片、そして会津の幕末維新史を重ね合わせると、田中一雄は一八四〇年代半ばから遅くとも五〇年代初めの生まれと見ていいだろう。戊辰戦争のころは藩医だったとすれば、江戸期の著名な藩校の日新館で医学を学んだ二十歳を越えたぐらいの青年だったろう。そうするともう少し狭めて一八五三年生まれの原胤昭よりは少し上の世代で、一八五〇年生まれの会津出身で東京監獄の典獄だった藤澤正啓と同じか、あるいはいくらか年長かもしれない。

亡くなったのは、原の日本犯罪学会例会での講演から推すと、前章（一七一頁）で見たように一九一七年から一九年のあいだだろう。「大逆事件」の死刑囚の教誨をしたころは六〇代である。たぶん田中は六〇代半ば過ぎまで生きていたことになる。平均寿命が四二、三歳[92]の当時にあっては長寿だが、原胤昭の没年は一九四二（昭和一七）年で九〇歳近くまで生きている。一九三四（昭和九）年に亡くなった藤澤は八四歳だった。

田中はしかし、自ら手記を明らかにしなかった。その訳は、手記での語りやこれまで推測を含みながらたどってきた田中の前史を見れば、納得できる。ではなぜ真宗の教誨師にではなく、託したのが原胤昭だったのか。

死刑囚も生き直せるという田中の犯罪者観は、見てきたように出獄人保護事業に生涯を捧げた原胤昭の一貫した信念と姿勢に通じていた。教育勅語に沿った国民道徳を主眼とする浄土真宗の教誨に距離を取り、同時代の教誨師のなかでは異端だった田中が手記を真宗同門の教誨師にではなく、信頼し敬していたクリスチャンの原に寄贈したのはきわめて自然だった。原以外には考えられなかった。しかも二人はともに囚人体験があった。懇意だった田中と原は、お茶を飲みながら手記原本を前にしてその体験を語り合ったかもしれない。わたしはそんなシーンさえ思い泛《うか》べるのである。

手記に記された管野須賀子に語った体験談の補正を手がかりに訪ねてきた田中一雄の前史は、かかっていた霧がほんの少し晴れて、かすかだが見えたように思う。しかし田中一雄が元は「田中一夫」で、「百崎養軒」と号した藩医だったという前提を証することはできていない。わたしの田中一雄をあなぐるように追ってきた旅は、彼の空白の頁をわずか数行埋めただけかもしれない。

それでも田中が戊辰戦争にからんだ事件で死刑になりかかったところを生き延び、「新たな生」を生きるチャンスを得て、教誨師になった事実は動かない。戦争による不条理な死をあまた目にしてきたことと、おそらく通貨偽造・行使にかかわり、死刑から危うく生還した体験が田中のなかで一つになり、「新たな生」を歩むことができた。監獄教誨師という、外からは見えにくい地味な世界に入ったのもそうした体験と無縁ではないだろう。死刑判決を受けた赦されざる犯罪者でも、時間をかければ生き直せる可能性があるという田中の一貫した教誨は、稀有な生還体験なしにはあり得なかった。だから囚人に寄り添い、伴走できた。

とりわけ死刑が罪を犯した人の再生の機会を奪ってしまう国家の合法的殺人である以上、自身を重ねればそれは受け容れられなかった。どんな凶悪な犯罪者でも生き直すことが可能で、国家はそのチャンスを奪ってはならないという熱い想いを抱き、田中は死刑制度と格闘し、類なき手記を書き遺した。しかもそれを伝えるために原に託した。それは国家への紛うかたのない抗いでもあった。ほんのわずかだが田中を追ってきたわたしは、そう思う。同時に田中一雄の手記は、死刑に向き合うことを避け、死刑制度のあることに慣らされてしまっている現在のわたしたちへの問いを含んだ、世紀を跨《また》ぎ越した「遺書」でもあろう。

田中一雄の手記は貴重だが、一人の教誨師の眼を通しての記録という限界がある。現代の犯罪の態様や質は、たとえば「死刑になりたいから」人を殺傷するなど、田中の時代のそれとは驚くほど大きく異なっている。だが国家が、法の名の下で生きている人を殺すという、死刑制度の本質は変わらない。

津田真道が「死刑論」を書いて以降、この国では死刑制度は二世紀に跨がる未決の問題としてありつづけている。

死刑廃止条約が発効（一九九一年）して三〇年を超えたいま、死刑須らく廃すべし――田中一雄の声がこだまのように響く。

注

1 田中の手記そのものはなく、謄写印刷された冊子が唯一の記録で、それがいわば手記原本に当たる。しかし『死刑囚の記録』も現在では個人所有を別にすると、「森長文庫」のほかには慶應義塾大学のメディアセンターなど限られたところにしかない。田中の手記については、早くに池田浩士氏の『故田中一雄手記　死刑囚の記録』を読む」（『日本のイノセンス・プロジェクトをめざして』二〇一〇年）によって教えられていた。池田氏の小論から、教誨師の田中が多くの死刑囚一人ひとりについて犯罪の経緯、刑執行の前後の心理などを書き記し、そのなかで明治末期の「大逆事件」の死刑囚についても触れている貴重な手記だと知った。同氏の小論には、田中の手記について示唆に富む視点が多く、大きな教示を受けた。記して感謝したい。

2 一八七〇（明治三）年に八重洲町に設けられた警視庁監獄署が八一（明治一四）年に鍛冶橋監獄署となり、一九〇三（明治三六）年三月に東京市牛込区（現・新宿区）市ヶ谷冨久町に移転し、司法省管轄の東京監獄となった。鍛冶橋監獄署時代の死刑囚の刑執行は市ヶ谷台町の市谷監獄（前身は小伝馬町牢屋敷。一八七五（明治八）年に市ヶ谷台町に移転し、何度か管轄や名称が変わっている。一九一〇（明治四三）年に豊多摩郡野方に移転し、豊多摩刑務所となる）の刑場で行われた。有名な「高橋お伝」は市谷監獄の刑場で首斬り役人の山田浅右衛門八世によって斬刑に処せられた。東京監獄に刑場が設けられて死刑が執行されるようになったのは、日露戦争中の一九〇五（明治三八）年五月からである（以上、森長英三郎『東京監獄・市ヶ谷刑務所　刑場跡慰霊塔について』（私家版　一九六七）などによる）。本書では煩雑さを避けるため監獄署をすべて監獄と表記した。

3 繁田真爾『「悪」と統治の日本近代――道徳・宗教・監獄教誨』（法藏館　二〇一九）二二八頁

4 『死刑囚の記録』は復刊版があり、『近代犯罪資料叢書　第七巻』（前坂俊之監修　大空社　一九九八）

に布施辰治『死刑囚十一話』とともに収められている。ごく簡単な解説以外はなく、田中のプロフィールもない。堀川惠子『教誨師』(講談社　二〇一四)では『死刑囚の記録』の貴重さに触れているが、田中の人物像には言及していない。拙著『一粒の麦死して――森長英三郎の「大逆事件」』(岩波書店　二〇一九)では、「森長文庫」で閲読した『故田中一雄手記　死刑囚の記録』について若干言及しているが、手記の詳細な成り立ちや、田中の人物像については触れていない。

5　原胤昭については、第三章で詳述することを含めて『原胤昭の研究　生涯と事業』(片岡優子　関西学院大学出版会　二〇一一)によった。同書は原についての最も総合的な研究書で、引用資料など多くを参考にした。

6　『刑死者の臨終心状』が矯正図書館に所蔵されてあることは繁田真爾氏に教えられた。

7　『臨終心状』の「下」の存在が不明なので、一一四人は断定的な人数ではない。

8　日本犯罪学会に問い合わせたところ、古いことでわからないとのことだった。

9　『死刑囚の記録』『臨終心状』ともミラーの死刑執行日時を一九〇〇年一月一二日午前九時と記しているが、これは誤記である。日本犯罪学会が記した「まえがき」に相当する部分には手記の原文どおり書写したとあり、田中の思い違いだろう。

10　『明治百話　上』(篠田鉱造　岩波文庫　一九九六)二五―三八頁

11　『明治法制史の研究　上(手塚豊著作集　第四巻)』(手塚豊　慶應通信　一九八四)「近代日本の絞首台」(二九一―二九七頁)によると、死刑の密行主義が徹底し、「参観」が事実上禁止になったのは一九〇八年七月の司法省民刑局長、監獄局長の通牒からである。

12　『報知新聞』(一九〇〇年二月一八日付。国会図書館所蔵のマイクロフィルム)によったが、「稲妻強盗」についての同紙記事は『明治　大正　昭和　歴史資料全集　犯罪篇上』(宮坂九郎編　有恒社　一九三三)にも収められている。

13 週刊朝日編『値段の明治大正昭和風俗史』（一九八一）、『値段史年表　明治・大正・昭和』（一九八八）によった。

14 『法律新聞』（一九三九年一月八日　第四三六三号　六―七頁）「明治以後の死刑数」（森長英三郎）

15 『平沼騏一郎回顧録』（平沼騏一郎回顧録編纂委員会編・刊　一九五五　非売品）五七―五八頁

16 『日本社会主義運動史』（司法省刑事局　一九二九　極秘資料）。検事総長時代の小山が司法省思想部の思想検事係会同で行なった講演筆記録。小山は司法大臣だった一九三八年一〇月二四日の思想実務家会同でもほぼ同じ主旨の講演をしている。

17 『山縣有朋関係文書　3』（尚友倶楽部　山縣有朋関係文書編集委員会編　山川出版社　二〇〇八）二一七―二二八頁

18 由井正臣「山県有朋の「社会破壊主義論」――「大逆事件」の一史料」（『みすず　69』一九六五年二月号）七―一七頁、「社会破壊主義論」は『山縣有朋意見書』（大山梓編　原書房　一九六六）三一五―三二三頁所収

19 前出『平沼騏一郎回顧録』六〇―六一頁

20、21 前出『日本社会主義運動史』

22、23 『ある弁護士の生涯――布施辰治』（布施柑治　岩波新書　一九六三）三三―三四頁。また『布施辰治外伝――幸徳事件より松川事件まで』（布施柑治　未来社　一九七四）一三―一四頁でもほぼ同じ主旨のことが語られてある。

24 『大逆事件記録　第一巻　新編獄中手記』（神崎清編著　世界文庫　一九六四）「無題雑感録及日記」（成石平四郎）三二〇頁

25 『今村力三郎「法廷五十年」』（専修大学今村法律研究室編　同大学出版局　一九九三）「芻言」の自序。今村は「芻言」を一九二五年三月二日に私家版で「数部を浄写して要路に」贈ったと二六年一月の増

26 補版の再序で記している（二三―二七頁）。
『監獄日記』（元看守　菅野丈右ェ門述　一九七三年ごろ　非売品）高知県・中村（現・四万十）市立図書館所蔵
27 『幸徳秋水全集　別巻二』（幸徳秋水全集編集委員会編　明治文献　一九七三）二一九頁
28 前出、神崎『新編獄中手記』「無題雑感録及日記」二九六―二九七頁
29 前出、神崎『新編獄中手記』「回顧所感」五三六頁
30 『緑亭大石誠之助』（森長英三郎　岩波書店　一九七七）三一九頁
31 『山縣有朋関係文書　3』（尚友倶楽部　山縣有朋関係文書編集委員会編　山川出版社　二〇〇六）一九―二〇頁
32 くわしくは拙著『大逆事件　死と生の群像』（岩波現代文庫　二〇一八）
33 前出、神崎『新編獄中手記』「死刑の前」三―二二頁、及び『幸徳秋水全集　第六巻』五四二―五六〇頁
34 『社会主義の誕生――社会民主党100年』（「社会民主党百年」資料刊行会編著　論創社　二〇〇一）資料1「社会民主党宣言書」二七二頁
35 『秘録　大逆事件　下』（塩田庄兵衛、渡辺順三編　春秋社　一九五九）二四九―二五〇頁
36 同『秘録　大逆事件　下』二一五頁
37 同『秘録　大逆事件　下』二六一頁
38 前出、神崎『新編獄中手記』森近運平「回顧三十年」二一九―二二〇頁
39 前出、神崎『新編獄中手記』「回顧三十年」解説　二四八―二五〇頁
40 『風霜五十余年』（森長英三郎　私家版　一九六七）に一二人の処刑時刻が記されてある。
41 『謀叛論』（徳冨蘆花著　中野好夫編　岩波文庫　一九七六）九―二四頁

42 前出、神崎『新編獄中手記』「解説」五九—六〇頁

43 前出、神崎『新編獄中手記』管野須賀子「死出の道艸」六三—一一九頁

44 『日本思想史学　四五』（碧海寿広　二〇一三）「近代仏教とジェンダー——女性信徒の内面を読む」。国会図書館デジタルコレクションの『よろこびのあと　故菅瀬忠子日誌』は一九一七年の増補修訂三版である。

45 『管野須賀子の生涯——記者・クリスチャン・革命家』（清水卯之助　和泉書院　二〇〇二）二九三—二九四頁

46 前出、神崎『新編獄中手記』「解説」一二〇頁

47 『大正一三年度　日本犯罪学会会報』（一九二五年一月二〇日）三一—三三頁

48 前出、繁田『「悪」と統治の日本近代』第五章

49 繁田氏からいただいたメールによる（二〇二一年七月一日）。

50 一九一二年一二月一一日『官報』（第一一〇号）に「依願免教誨師　田中一雄」（一二月九日　司法省）とある。

51 『日本監獄教誨史　上』（真宗本願寺派本願寺・真宗大谷派本願寺共編・刊　一九二七）二八六頁

52 『教誨百年　上』（教誨百年編纂委員会編　浄土真宗本願寺派本願寺・真宗大谷派本願寺　一九七三　非売品）三五頁

53 前出、繁田『「悪」と統治の日本近代』第五章　二二一頁、第六章　二七六—二七七頁

54 『大日本監獄協会雑誌』第九二号、附録「監獄吏職員録」（一八九五年一二月）

55 前出『教誨百年　上』三三五頁

56 『監獄雑誌』第八巻一一号（一八九七年一一月）四六—四九頁

57 ここでは『聖書』新共同訳を使ったが、田中の手許にあった聖書では「イエスふりかえり婦を見て曰

いけるは女よ心安かれ爾の信仰汝を癒せり。即ちこの時より癒ゆ」という訳で、田中はこれを読み上げたという。

58 『監獄雑誌』（一八九八年一月　第九巻一号）二六頁

59 前出、繁田『「悪」と統治の日本近代』二二九頁

60 『監獄協会雑誌』（一九〇四年七月　第一七巻七号）四三―四八頁

61 田中の教誨師歴は主に教誨師の歴史の基本文献である『日本監獄教誨史　上・下』『教誨百年　上・下』によった。田中が一九〇三年に神道大成教から真宗本願寺派の僧侶になったことは両書の上巻に明記されている。森長弁護士もおそらくこれによって田中の手記の扉にメモしたのだろう。

62 『留岡幸助日記　第一巻』（留岡幸助　矯正協会　一九七九）二一四頁、留岡の精神については前出、繁田『「悪」と統治の日本近代』第五章　二二五―二二七頁に大きな教示を受けた。

63 『明治文学全集　3　明治啓蒙思想集』（著者代表西周　筑摩書房　一九六七）一三一頁

64 前出『明治刑法史の研究　上』「明治初年の死刑数」二九九頁

65 前出『明治刑法史の研究　上』「明治前期の死刑廃止論」三〇六頁

66 前出『明治文学全集　3　明治啓蒙思想集』「解題」（大久保利謙）四三九頁

67 『植木枝盛集　第六巻』（植木枝盛　岩波書店　一九九一）「日本国々憲案」一〇四頁

68 『刑罰史研究』（一八号　二〇〇〇年七月一日）「大内青巒の死刑廃止運動」（安形静男）九―一四頁

69 『幸徳秋水全集　第四巻』（幸徳秋水全集編集委員会編　明治文献　一九六八）「死刑廃止」四九―五一頁

70 刑法改正特集号の各論文は『監獄協会雑誌』（一九〇七年二月　第二〇巻第二号）参照。

71 『月刊刑政』（一九五八年八月　第六九巻八号）「『刑政』七十年の歩みと死刑論」六九―七六頁

72 引用は『法律新聞』（一九三三年六月二三日　第三五六五号―八月二八日　三五九一号）一三回連載

の「前科者はなぜ又罪を犯すか」、また前出、片岡『原胤昭の研究　生涯と事業』も参照した。
73 前出、片岡『原胤昭の研究　生涯と事業』第5章注5　一八八―一八九頁
74 前出、片岡『原胤昭の研究　生涯と事業』第3章　一一六頁
75 重松一義『名典獄評伝』（日本行刑史研究会　一九八四）非売品　五七―五八頁
76 前出、片岡『原胤昭の研究　生涯と事業』第4章　一五四頁、なお教育勅語による国民教化主義の監獄教誨への影響については前出、繁田『「悪」と統治の日本近代』第五・六章
77 『基督教新聞』（一八九七年二月一九日　第七〇五号）七頁
78 『法律新聞』（一九二四年二月五日　第二二一四号）六頁
79 『法律新聞』（一九三三年八月二三日　第三五八九号）「前科者はなぜ又罪を犯すか（12）」六頁
80 『矯正講座　第41号』（矯正講座編集委員会編　龍谷大学矯正・保護課程委員会　二〇二一年三月）「死刑須らく廃すべし　否廃すべからず――114人の死刑囚の記録を遺した教誨師を追って」（拙稿）三九―五四頁
81 『一九二四年度　日本犯罪学会会報』（一九二五年一月二〇日発行）二六―二九頁
82 当時の内務省衛生局編集の報告書『流行性感冒』（平凡社東洋文庫　二〇〇八）一〇九頁
83 『要略会津藩諸士系譜　上・下』（芳賀幸雄編著　歴史春秋出版　上一九九七、下二〇〇一）
84 会津若松市立会津図書館のレファレンス担当の成田陽子氏には、田中一雄について有益なヒントや史・資料の所在など多くの教示を受けた。同図書館は一九〇四年に全国で初めての市立図書館としてオープンしている。
85 『斗南藩史』（葛西富夫　斗南会津会　一九七一　非売品）二一九―二二一頁、新版に『新訂　会津・斗南藩史』（東洋書院　一九九二）がある。
86 『会津戊辰戦死者埋葬の虚と実』（野口信一　歴史春秋出版　二〇一七）七―一五頁（会津図書館から

送付されたコピーによった）

87 『太政類典　第一編第九三巻』の若松県知事から政府への報告に「当県下は贋幣製造の巣窟」などとある。

88 一八七〇―七三年の贋金札事件に関するデータは『中央大学大学院研究年報　第6号別刷』（一九七二年三月）「明治初年の贋悪貨幣問題と新政権」（松尾正人）一九一頁の表1、3。

89 『宇曽利百話』は初版が一九五三年、増補三版が一九六一年、その復刻版が一九七八年。いずれも下北郷土会刊。史料掲載箇所は初版が九九―一〇〇頁、増補三版では一一一―一一二頁（国会図書館デジタルコレクションより）

90 『太政類典　第一編第九三巻』。報告中にある氏名は「百崎要件」となっているが、おそらく「百崎養軒」の誤記と思われる。

91 この史料は前出、野口『会津戊辰戦死者埋葬の虚と実』二三五頁と同じ。

92 『第二二回生命表』（厚生労働統計協会　二〇一七）、『日本人のからだ　健康・身体データ集』（鈴木隆雄　朝倉書店　一九九六）などによる。

あとがき

田中一雄はとても愚直な生き方をした人だったと思う。そこにわたしは強く魅かれる。田中は極悪非道な罪を犯した死刑囚の限られた時空間に接し、自己の波瀾に満ちた生を重ね合わせて、国家の手の内に在って微動だにしない死刑（制度）に果敢に抗った。稀有の「手記」は、田中のこの愚直な抵抗の精神の「結晶」だった。

「手記」は原胤昭という得難い人物との邂逅《かいこう》によって奇跡的に残ったが、田中の存在は一〇〇年という時の大河に飲みこまれ記憶されず、忘却されてきた。わたしは「手記」に出会ってから、何としてでも田中一雄に光を当てたいと思った。田中一雄はしかし捉え難く、くっきりとは描けなかった。それでも教誨師田中一雄を、「手記」とともに記憶できる存在として少しは印せたのではないか。

田中一雄を逐《お》う旅では故森長英三郎の導きによってはじまり、さまざまな人びとから懇篤な教え、アドバイスなど多くの協力をいただきました。とりわけ思想史研究者の繁田真爾さんには、貴重な情報やご高見を頂戴し、また幕末会津藩士の研究者の加藤隆士さんからはくり返し参考資料の提供を受け、示唆に富むご意見もうかがいました。お二方にこの場を借りて厚く御礼申し上げます。さらに田中一雄がほとんど未知の人物であっただけに、以下の方がたのご協力がなければ一歩も歩くことは出来ませんでした。お名前を記して謝意を表したいと思います（敬称を略させていただきました）。

石塚伸一、片岡優子、金子武嗣、木村真昭、菅原龍憲、渋谷桂子、武村秀夫、成田陽子、晨《はやし》利信、前坂俊之、森正、山内小夜子、山本浄邦のみなさん。また会津会、会津若松市立会津図書館、矯正図書館、浄土真宗本願寺派社会部、日本犯罪学会事務局、法政大学ボアソナード記念現代法研究所、町田市立中央図書館（レファレンス担当）職員のお世話になりました。

本書出版に際しては、四〇年来の畏敬する友、佐高信さんの温かな協力を得ました。ありがとうございました。

編集を担当していただいた岸本洋和さんには、わたしのかなり無理な要望にもかかわらず、迅速かつ的確に対応をしていただきました。心より御礼を申し上げます。

＊　　＊

本書を、ことし二月に急逝した、わたしの人生の大恩人だった北村英雄さんに捧げる。

田中伸尚

二〇二三年弥生尽

主な参照文献
（編著者五十音順　発行年は西暦に統一し、一般紙は省略した）

会津会『会津人々名録』（一九一一年九月）会津図書館所蔵
――『会津人々名簿』（一九一二年一〇月、一三年一二月）会津図書館所蔵
――『会津会々報』（一九八九年六月　第九五号）会津図書館所蔵
会津郷土史料研究所編纂『慶応年間　会津藩士人名録』（勉強堂書店　一九九二）
会津史学会編『歴史春秋』第八号（歴史春秋出版　一九七六年一一月）
会津史談会『会津史談会誌』四七号（一九七二年五月）
会津若松市史研究会編『会津若松市史　史料編Ⅳ』（会津若松市　二〇〇六）
会津若松史出版委員会編『会津若松市　第四巻・第五巻・第六巻』（会津若松市　一九六六）
青森県史編さん近世部会編『青森県史　資料編　近世六　幕末維新期の北奥』（青森県　二〇一五）
青森県史編さん通史部会編『青森県史通史編2　近世』（青森県　二〇一八）
池田浩士「『故田中一雄手記　死刑囚の記録』を読む」『年報・死刑廃止2010　日本のイノセンス・プロジェクトをめざして』（年報・死刑廃止編集委員会編　インパクト出版会　二〇一〇）所収
池田浩士編・解説『逆徒「大逆事件」の文学』（インパクト出版会　二〇一〇）
池田浩士編・解説『蘇らぬ朝――「大逆事件」以後の文学』（インパクト出版会　二〇一〇）
絲屋寿雄『大逆事件』（三一新書　一九六〇）
植木枝盛『植木枝盛集　第六巻』（岩波書店　一九九一）

大石進『弁護士　布施辰治』（西田書店　二〇一〇）
大原慧『幸徳秋水の思想と大逆事件』（青木書店　一九七七）
大山梓編『明治百年叢書16　山縣有朋意見書』（原書房　一九六六）
葛西富夫『斗南藩史』（斗南会津会　一九七一）、のち『新訂　会津・斗南藩史』（東洋書院　一九九二）
――『北の慟哭――会津・斗南藩の歴史』（青森大学出版局　一九八〇）
柏木隆法『伊藤証信とその周辺』（不二出版　一九八六）
片岡優子『原胤昭の研究　生涯と事業』（関西学院大学出版会　二〇一一）
加藤隆士『幕末維新　会津藩士名鑑』（私家版　二〇一七）
鎌田東二『平山省斎と明治の神道』（春秋社　二〇〇二）
神崎清編著『大逆事件記録　第一巻　新編獄中手記』（世界文庫　一九六四）
――『大逆事件――幸徳秋水と明治天皇　全四巻』（あゆみ出版　一九七六―七七）
菅野丈右ェ門述『監獄日記』（四万十市立図書館所蔵　一九七三年ごろ　非売品）
管野須賀子『管野須賀子全集　3』（弘隆社　一九八四）
木村礎ら編『藩史大事典　第一巻　北海道・東北編』（雄山閣出版　一九八八）
「旧会津藩士斗南藩地へ移住処分」（明治三年閏一〇月）『太政類典　第一編第九三巻』国立公文書館所蔵
旧松平家文書「斗南移転之際行衛不知人別」「東京謹慎人別」会津図書館所蔵
教誨百年編纂委員会編『教誨百年　上・下』（浄土真宗本願寺派本願寺・真宗大谷派本願寺　一九七三　非売品）
基督教新聞社『基督教新聞』（一八九七年二月一九日　第七〇五号）
警視庁史編さん委員会編・刊『警視庁史　明治編』（一九五八）
刑務協会編『日本近世行刑史稿　下』（矯正協会　一九七四）
幸徳秋水全集編集委員会編『幸徳秋水全集　第四・六・八・別巻二』（明治文献　一九六七、一九六八、一九七三）
小山松吉講演記録『日本社会主義運動史』（司法省刑事局　一九二九　極秘資料）
笹沢魯羊『宇曽利百話』（下北郷土会　一九五三）増補三版一九六一年、その復刻版一九七八年

塩田庄兵衛、渡辺順三編『秘録　大逆事件　上・下』（春秋社　一九五九）
繁田真爾『「悪」と統治の日本近代―道徳・宗教・監獄教誨』（法藏館　二〇一九）
重松一義『名典獄評伝』（日本行刑史研究会　一九八四　非売品）
――『図鑑　日本の監獄史』（雄山閣出版　一九八五）
篠田鉱造『明治百話（上）』（岩波文庫　一九九六）
清水卯之助『管野須賀子の生涯―記者・クリスチャン・革命家』（和泉書院　二〇〇二）
「社会民主党百年」資料刊行会編著『社会主義の誕生――社会民主党１００年』（論創社　二〇〇一）
週刊朝日編『値段の明治大正昭和風俗史』（一九八一）
――編『値段史年表　明治・大正・昭和』（一九八八）
衆議院調査局法務調査室『死刑制度に関する資料』（二〇〇八）
浄土真宗本願寺派本願寺・真宗大谷派本願寺共編・刊『日本監獄教誨史　上下』（一九二七）
尚友倶楽部山縣有朋関係文書編纂委員会編『山縣有朋関係文書―2、3』（山川出版社　二〇〇六、二〇〇八）
鈴木正敏『ふくしまのお金―福島県における貨幣の移り変わり』（歴史春秋出版　二〇〇六）
精神衛生学会『脳』（一九二九―三〇）
専修大学今村法律研究室編『大逆事件　全三巻』（専修大学出版局　二〇〇一―〇三）
――『今村力三郎「法廷五十年」』（専修大学出版局　一九九三）
大逆事件の真実をあきらかにする会編・刊『大逆帖』（一九八一）
――編『大逆事件の真実をあきらかにする会ニュース　第一―四八号』（ぱる出版　二〇一〇）
田崎公司「会津地方における悪貨及び贋金問題――幕末維新期を中心にして」（『大阪商業大学論集』第一五巻第三号　二〇二〇年三月）
田中一雄「酒飲む可からす」進藤正直編『信仰之機縁　鼇頭・観察と実験』（弘城館　一九〇八）
――「死刑の宣告を受けたる者の精神状態」『成功』（一九〇九年九月号）
――「恐るべき犯罪をした二人の娘」『婦人くらぶ』（紫明社　一九一〇年五月号）

――「明治初年の獄事改良」『成人』(一九一〇年七月号)
――「研究難」『成人』(一九一〇年八、一〇月号)
――「無題録」『成人』(一九一二年六月号)
田中伸尚『大逆事件　死と生の群像』(岩波書店　二〇一〇、のち岩波現代文庫　二〇一八)
――『飾らず、偽らず、欺かず　管野須賀子と伊藤野枝』(岩波書店　二〇一六)
――『一粒の麦死して　森長英三郎の「大逆事件」』(岩波書店　二〇一九)
――「死刑須らく廃すべし　否廃すべからず――114人の死刑囚の記録を遺した教誨師を追って」『矯正講座第41号』
(龍谷大学矯正・保護課程委員会編　二〇二二年三月)
手塚豊『明治法制史の研究(上)』(慶應通信　一九八四)
――『手塚豊著作集(明治刑法史の研究上、中、下)四、五、六巻』(慶應通信　一九八五―八七)
――編著『近代日本史の新研究Ⅳ』(北樹出版　一九八五)
東京市役所編『東京市史稿　宗教編第三』(一九四〇)所収「長善寺事跡」
同和学園編刊『よろこびのあと　故菅瀬忠子日誌』(増補修訂三版　一九一七)
徳富猪一郎編述『公爵山縣有朋傳　下巻』(山縣有朋公記念事業会　一九三三)
徳冨健次郎著　中野好夫編『謀叛論』(岩波文庫　一九七六)
留岡幸助『留岡幸助日記　第一巻』(矯正協会　一九七九)
内務省衛生局編『流行性感冒』(平凡社東洋文庫　二〇〇八)
中村市立図書館編『幸徳秋水研究資料　秋水「絶筆」成立の事情』(中村市立図書館　一九九九　非売品)
新潟県編・刊『新潟県史　通史編6　近代一』(一九八七)
西周著者代表『明治文学全集三　明治啓蒙思想集』(筑摩書房　一九六七)
日本史籍協会編『続日本史籍協会叢書　会津戊辰戦史二』(東京大学出版会　一九三三　一九七八年復刻)
日本思想史学会編・刊『日本思想史学　四五』(二〇一三)碧海寿広「近代仏教とジェンダー――女性信徒の内面を読む」
日本犯罪学会『日本犯罪学会年報』(大正二年度　一九一四年一月、大正三年度　一九一四年一二月)

――『日本犯罪学会会報』（一九二四年度　一九二五年一月二〇日発行）　法政大学ボアソナード記念現代法研究所「森長文庫」所蔵
日本歴史学会編『明治維新人名辞典』（吉川弘文館　一九八一）
野口信一『シリーズ藩物語　会津藩』（現代書館　二〇〇五）
――『会津戊辰戦死者埋葬の虚と実』（歴史春秋出版　二〇一七）
――編『会津人物文献目録』（歴史春秋社　一九九二）
芳賀幸雄編『要略会津藩諸士系譜　上下巻』（歴史春秋社　一九九七、二〇〇一）
原奎著、原奎一郎編『原敬日記　第四巻』（幹元社　一九五一）
平出修『定本　平出修集』『同（続）』『同（第三巻）』（春秋社　一九六五、一九六九、一九八一）
平沼騏一郎回顧録編纂委員会編・刊『平沼騏一郎回顧録』（一九五五　非売品）
平野啓一郎『死刑について』（岩波書店　二〇二二）
福島県警察史編さん委員会編『福島県警察史　第一巻』（福島県警察本部　一九八〇）
福島県警察本部編・刊『福島県犯罪史　第一巻』（一九六五　非売品）
布施柑治『ある弁護士の生涯――布施辰治』（岩波新書　一九六三）
――『布施辰治外伝　幸徳事件より松川事件まで』（未来社　一九七四）
法律新聞社『法律新聞』（不二出版　複製）二九九、三〇一、三〇四、二二一四、三五六五―三五九一、三五八九、四三六三、四〇四一号
堀川恵子『教誨師』（講談社　二〇一四）
本派本願寺教務部社会課編・刊『宗教と行刑』（一九二七　非売品）
――『紙碑・東京の中の会津』（歴史調査研究所　日本経済評論社　一九八〇）
松尾正人「明治初年の贋悪貨幣問題と新政権」『中央大学大学院研究年報　第6号別刷』（一九五七年三月）
松山巌『世紀末の一年――〈一九〇〇年＝大日本帝国〉』（朝日新聞社　一九八七）
宮坂九郎編『明治　大正　昭和　歴史資料全集　犯罪篇上』（有恒社　一九三三）

宮武外骨編『幸徳一派大逆事件顛末』（龍吟社　一九四六）
森正『ある愚直な人道主義者の生涯――弁護士布施辰治の闘い』（旬報社　二〇一二）
森長英三郎『史談裁判』全四巻（日本評論社　一九六六―七五）のち『新編史談裁判』全四巻（一九八四）
――『東京監獄・市ヶ谷刑務所　刑場跡慰霊塔について』（私家版　一九六七）
――『風霜五十余年』（私家版　一九六七）
――『禄亭　大石誠之助』（岩波書店　一九七七）
安岡昭雄編『幕末維新大人名事典　上下』（新人物往来社　二〇一〇）
安丸良夫『一揆・監獄・コスモロジー――周縁性の歴史学』（朝日新聞社　一九九九）
山泉進編著『大逆事件の言説空間』（論創社　二〇〇七）
由井正臣「山県有朋の「社会破壊主義論」」『みすず69』（みすず書房　一九六五年二月）
吉岡金市・森山誠一ら編『森近運平研究基本文献（上下）』（同朋舎出版　一九八三）
吉田久一『吉田久一著作集2　改訂版日本貧困史』（川島書店　一九九三）
――『吉田久一著作集4　日本近代仏教史研究』（川島書店　一九九二）
吉村昭『関東大震災』（文春文庫　二〇〇四）

＊以下は矯正図書館所蔵文献
監獄協会『監獄職員録』（『監獄協会雑誌』第二四巻第一号附録　一九一一年一月一日）
監獄協会『監獄協会雑誌』（第一三巻七号、一五巻三号、一六巻四、七号、一七巻七号、一八巻一〇号、二〇巻一、二号、二三巻一号、二五巻一二号）
矯正協会『月刊刑政』（第六九巻八号、一一号、九八巻一二号）
警察監獄学会『監獄雑誌』（第三巻九号、四巻二号、五号　八巻一一号、九巻一、三、一一号）
刑罰史研究会『刑罰史研究　一五、一八号』（一九九九年一〇月一日、二〇〇〇年七月一日）
刑罰と社会改良の会『季刊　社会改良』（第一巻三号　一九五六年三月、四号　五六年五月）

大日本監獄協会「監獄吏職員録」（『大日本監獄協会雑誌』第九二号附録　一八九五年一二月）

＊その他（順不同）

印刷局『職員録』（一九〇五―一九〇八年、一九一二年）及び『官報』（一九一一年六月二三日、一九一二年一二月一一日）
『日本紳士録』（一八八九年第一版以降―一九二四年まで）
『聖書　新共同訳』（日本聖書協会　二〇〇三）
『神道事典』（弘文堂　一九九四）
『神道史大辞典』（吉川弘文館　二〇〇四）
『明治過去帳　物故者人名辞典』（東京美術　新訂一九七一）
『大正過去帳　物故者人名辞典』（東京美術　一九七三）
『江戸学事典』（弘文堂　一九八四）
『江戸幕府大事典』（吉川弘文館　二〇〇九）

田中伸尚

たなか のぶまさ

一九四一年東京生まれ。朝日新聞記者を経て、ノンフィクション作家。『ドキュメント 憲法を獲得する人びと』（岩波書店）で第八回平和・協同ジャーナリスト基金賞、『大逆事件——死と生の群像』（岩波書店、のち岩波現代文庫）で第五九回日本エッセイスト・クラブ賞を受賞。その他の著書に『自衛隊よ、夫を返せ!』（現代書館）、『ドキュメント昭和天皇（全八巻）』『憲法を生きる人びと』（以上、緑風出版）、『反忠——神坂哲の72万字』『さよなら「国民」——記憶する「死者」の物語』『天皇をめぐる物語——歴史の視座の中で』（以上、一葉社）、『日の丸・君が代の戦後史』『靖国の戦後史』『憲法九条の戦後史』『ルポ 良心と義務——「日の丸・君が代」に抗う人びと』（以上、岩波新書）、『行動する預言者 崔昌華——ある在日韓国人牧師の生涯』『飾らず、偽らず、欺かず——管野須賀子と伊藤野枝』『一粒の麦死して——弁護士・森長英三郎の「大逆事件」』（以上、岩波書店）、『生と死の肖像』『合祀はいやです。——こころの自由を求めて』『不服従の肖像』（以上、樹花舎）など多数。

死《し》刑《けい》すべからく廃《はい》すべし

114人《にん》の死《し》刑《けい》囚《しゅう》の記《き》録《ろく》を残《のこ》した
明《めい》治《じ》の教《きょう》誨《かい》師《し》・田《た》中《なか》一《かず》雄《お》

発行日 二〇二三年四月一九日 初版第一刷

著者 田中伸尚
装幀 アルビレオ
発行者 下中美都
発行所 株式会社平凡社
〒一〇一-〇〇五一 東京都千代田区神田神保町三-二九
電話 〇三-三二三〇-六五八〇（編集）
〇三-三二三〇-六五七三（営業）
印刷 藤原印刷株式会社
製本 大口製本印刷株式会社

ISBN 978-4-582-82496-4
平凡社ホームページ https://www.heibonsha.co.jp/
落丁・乱丁本のお取り替えは小社読者サービス係まで直接お送りください（送料は小社で負担いたします）。